山东省高等学校青年创新团队发展计划
诉讼法学新兴领域研究创新团队资助成果

诉讼法学新兴领域研究创新文库

公法权利的行政法救济

以行政法返还请求权的关联构造为例

┃张栋祥 著┃

Public Rights Remedies in Administrative Law

中国社会科学出版社

图书在版编目（CIP）数据

公法权利的行政法救济：以行政法返还请求权的关联构造为例 / 张栋祥著. —北京：中国社会科学出版社，2022.8

（诉讼法学新兴领域研究创新文库）

ISBN 978-7-5227-0671-9

Ⅰ.①公⋯ Ⅱ.①张⋯ Ⅲ.①行政法—研究—中国 Ⅳ.①D922.104

中国版本图书馆 CIP 数据核字（2022）第 144546 号

出 版 人	赵剑英
责任编辑	孔继萍　周慧敏
责任校对	王　龙
责任印制	郝美娜

出　　版	中国社会科学出版社
社　　址	北京鼓楼西大街甲 158 号
邮　　编	100720
网　　址	http://www.csspw.cn
发 行 部	010-84083685
门 市 部	010-84029450
经　　销	新华书店及其他书店
印　　刷	北京君升印刷有限公司
装　　订	廊坊市广阳区广增装订厂
版　　次	2022 年 8 月第 1 版
印　　次	2022 年 8 月第 1 次印刷
开　　本	710×1000　1/16
印　　张	12
字　　数	201 千字
定　　价	68.00 元

凡购买中国社会科学出版社图书，如有质量问题请与本社营销中心联系调换
电话：010-84083683
版权所有　侵权必究

创新、突破与发展

——"诉讼法学新兴领域研究创新文库"总序

毋庸置疑，改革开放以来，我国民事诉讼法学的研究已经有了相当大的发展，每年都有几百篇民事诉讼法学的论文发表。但在民事诉讼法学研究繁荣发展的同时，也存在诸多隐忧。一些研究成果还只是较低层次的重复，不少研究还是为评定职称需要而作的"应用文"，有为发表而发表之嫌。

我曾撰文指出我国民事诉讼法学研究存在"贫困化"的问题，认为我国民事诉讼法学研究还缺乏深度、欠缺原创性和自主性。原因自然是多方面的：民事诉讼法学理论研究与司法实践的隔离[①]；缺乏足够的理论积淀；未能将法律制度建构与经济、政治、文化等环境因素予以融合；不能充分把握法律制度发展的大趋势，做到与时俱进；未能突破法律内部学科之间的藩篱，实现法学学科之间的内部交叉；欠缺法学与人文学科的外部交叉；未能及时跟踪、吸纳新兴科学领域最新的研究成果等。要实现民事诉讼法学研究的跨越，大幅度提升其研究水平，产出更多的研究成果，就必须在上述方面有所突破、发展和进步。

齐鲁文化是中国传统文化的主干之一，齐鲁文化一直拥有多元、开放的特性，正因为如此，齐鲁文化能够不断实现自身历史的超越。在我国进入法治建设的高速发展的21世纪，齐鲁的法学研究也应与值得齐鲁人骄傲的文化一样，敢于实现引领和创新。

---

① 张卫平：《对民事诉讼法学贫困化的思索》，《清华法学》2014年第2期。

要实现这种引领和创新，人才是根本。为此，山东省政府出台多项政策予以支持。2019年6月山东省颁布的《山东省高等学校青创人才引育计划》就是其有力措施之一。该计划尝试通过引才育才，支持高校面向部分急需重点发展的学科专业，加强人才团队建设，引进和培养一批40周岁左右的有突出创新能力和潜力的青年人才，带动所在学科专业建设水平明显提升。山东师范大学法学院王德新教授牵头申报的"诉讼法学新兴领域研究创新团队"，经过严格评审获得立项建设。入选该"计划"有一个条件要求，即要聘请一位同专业领域著名法学家作为团队导师，当时王德新非常诚恳地多次与我联系，邀请我作为团队的导师，出于帮助年轻人尽快成长和支持家乡法学事业发展的责任考量，我愉快地接受了这一邀请。

客观地说，该团队计划的建设任务并不轻松。按照团队建设任务，需要在1年内按照服务山东省法治建设的需求导向，本着引人育人并重、突出学科交叉、聚焦新兴领域的思路完成组建"诉讼法学新兴领域研究创新团队"；经过3—5年的建设，完成打造"五个一流"的建设任务（即打造一流团队、培养一流人才、推动一流教学、建设一流智库、产生一流成果）。团队完成组建后，我多次参与该团队组织的活动，设定了五个特色研究方向，即"民商法与民事诉讼法协同研究""司法文化与裁判方法研究""社会权的司法救济创新研究""诉讼证据制度创新研究""诉讼制度的法经济分析"。其中一个重要任务，就是策划出版一套"诉讼法学新兴领域研究创新文库"。通过打造这一套文库，不仅是为产出一批高质量的科研成果，更重要的是将提升研究团体每一个研究成员的研究素质，为今后迈向更高层次的研究打下扎实的基础。

据我所知，该团队的一批年轻人围绕团队建设任务和五个特色方向，目前已陆续完成了一些颇有新意的书稿，如《民法典与民事诉讼法协同实施研究》《英国家事审判制度研究》《人工智能司法决策研究》等。这些研究选题，有的突出了实体法与程序法的交互协同视角，有的充分回应了近年来司法改革的实践主题，有的指向了人工智能的司法决策这类问题等等，总体上在坚持以民事诉讼法学为中心，同时"突出学科交叉、聚焦新兴领域"的研究定位，取得了令人欣慰的进展。我们的研究团队的每一位老师都为此付出了辛勤的劳动。

在此,我作为研究团队的导师也对他们的辛勤劳作和付出表达由衷的感谢之意。

2022年3月5日于清华园

目 录

前 言 ……………………………………………………………… (1)

第一章 导论：公法权利的行政法救济 ……………………… (1)
  第一节 公法权利的行政法救济实践 …………………………… (2)
    一 作为受案范围扩展依据的公法权利 ……………………… (2)
    二 公私法程序和私法规范适用的困境 ……………………… (2)
    三 行政给付诉讼关联制度的空缺 …………………………… (3)
  第二节 行政法上权利体系建构的尝试、方向及缺陷 ………… (5)
    一 私法权利义务逐一对应模式的沿用 ……………………… (5)
    二 行政法上请求权体系的建构 ……………………………… (6)
    三 私法式、规范式与衍生式公法权利救济的尝试 ………… (7)
  第三节 回到公法权利理论的本质揭示和一般模式建构 ……… (9)
    一 公私法权利体系分立的时代背景 ………………………… (9)
    二 权利体系和请求权方法的价值证明 …………………… (10)
    三 基于公法地位关系的行政法救济路径揭示 …………… (11)
    四 公法权利行政法救济一般模式的理论建构 …………… (13)
  第四节 以行政法返还请求权为例的关联构造与检视 ……… (15)

第二章 基于请求权发展和公法权利重拾的行政法反思 …… (18)
  第一节 请求权的概念发端、体系建构及公私法分离 ……… (19)
    一 请求权概念的发端及其形塑 …………………………… (19)
    二 请求权为中心的民事权利体系建构 …………………… (21)

三　公私法权利、请求权理论研究的分立……………………（22）
　第二节　公法权利救济与行政法理论体系的建构………………（23）
　　一　行政行为理论中心的发展和缺陷……………………………（23）
　　二　公法权利理论援引的生疏和僵化……………………………（25）
　　三　公法权利理论的发展与危机…………………………………（26）
　　四　请求权为契机的行政法理论体系建构………………………（28）
　第三节　行政法上请求权发展的体系反思………………………（30）
　　一　公法权利与请求权的研究补足及其意义……………………（30）
　　二　行政法上公法权利与请求权的映射关系……………………（31）
　　三　行政法返还请求权关联构造的探索…………………………（31）
　　四　国家主观公法权利的价值重拾………………………………（32）
　　五　行政法返还请求权的公私法适用衔接………………………（32）

第三章　行政法返还请求权的属性、要件及类型………………（34）
　第一节　行政法返还请求权的问题展现…………………………（34）
　　一　行政审判缺少受案依据和裁判基础…………………………（36）
　　二　民事审判面临意愿和权限的双重阻力………………………（36）
　　三　行政裁判直接适用民事法律规范……………………………（37）
　第二节　行政法返还请求权的属性揭示…………………………（38）
　　一　平等性与公法优位……………………………………………（38）
　　二　双边性与制度互动……………………………………………（39）
　　三　共用性与多重映射……………………………………………（41）
　　四　独立性与关联地位……………………………………………（42）
　第三节　统一要件：行政法律关系下的受利益、
　　　　　无法律上原因………………………………………………（43）
　　一　行政法返还请求权的概念选择和释义………………………（43）
　　二　行政法返还请求权构成要件的比较研究……………………（47）
　　三　行政法返还请求权要件重塑…………………………………（51）
　第四节　基于公法权利"公民地位关系"的类型划分……………（54）
　　一　请求权关联构造的原初驱动…………………………………（55）

二　类型化的学说及各自优缺点 …………………………………（56）
　三　基于被动地位、消极地位和积极地位关系下的
　　　类型划分 …………………………………………………………（59）

第四章　负担行政领域的返还请求权类型（一） …………………（63）
　第一节　国家公法权利的价值重拾 ……………………………………（63）
　　一　公法权利理论中"国家的请求权" ………………………………（64）
　　二　公法权利理论的整体性与国家请求权的客观存在 ……………（65）
　　三　国家请求权的价值重拾及其意义 ………………………………（66）
　第二节　国家征收权上的返还请求权及其规范基础 …………………（67）
　　一　税收征收领域的返还请求权形态 ………………………………（67）
　　二　规费征收领域的返还请求权形态 ………………………………（69）
　第三节　征收领域返还请求权的实现方式及保障 ……………………（71）
　　一　行政相对人返还请求权的实现困境 ……………………………（71）
　　二　行政主体返还请求权实现的多重途径 …………………………（72）
　　三　征收领域返还请求权的特殊考量与规范框架 …………………（73）

第五章　新型行政领域的返还请求权类型（二） …………………（75）
　第一节　财产权基础上的行政私法活动及其形式 ……………………（75）
　　一　政府经营活动的典型代表及其市场化运作 ……………………（75）
　　二　政府采购、拍卖的规范化及行政协议形式 ……………………（76）
　　三　征收补偿活动的行政协议形式 …………………………………（78）
　第二节　行政协议无效或撤销后的返还请求权形态 …………………（79）
　　一　发生基础：行政协议无效或撤销 ………………………………（80）
　　二　政府采购、拍卖、补偿等活动中返还请求权 …………………（81）
　　三　行政关联领域的规范框架和价值衡量 …………………………（83）
　第三节　行政协议中返还请求权的竞合 ………………………………（85）
　　一　返还请求权与返还原物请求权的竞合 …………………………（86）
　　二　返还请求权与侵权责任请求权、国家赔偿
　　　　请求权的竞合 ……………………………………………………（88）

第四节　行政协议返还请求权的双阶审查与统一 ……………（89）

第六章　授益行政领域的返还请求权类型（三）……………（92）
　第一节　发生基础：行政行为无效、撤销或废止 ……………（92）
　　一　行政行为无效的认定标准 ……………………………（93）
　　二　行政行为撤销的"违法性"与特殊考量 ……………（95）
　　三　行政行为废止的"合法性"及"负担义务未履行"……（96）
　第二节　信赖利益保护原则与比例原则的应用 ………………（97）
　　一　依法撤销与信赖保护阻却 ……………………………（98）
　　二　个人信赖利益与公共利益保护的冲突和抉择 ………（99）
　　三　比例原则于撤销、废止判断及利益衡平中的应用 …（101）
　第三节　授益行政领域返还请求权的规范框架 ………………（104）
　　一　返还请求权形式：非书面通知、书面通知和返还决定 …（104）
　　二　"行政行为"返还与法律授权基础 …………………（106）
　　三　返还请求权的实现方式及其类型化 …………………（108）

第七章　行政法返还请求权的公私法适用衔接………………（111）
　第一节　主观归责的行政法价值考量及适用方式 ……………（111）
　　一　行政法对准用民事法律规范的开放态度 ……………（112）
　　二　行政关联领域规范框架的过滤与价值考量 …………（113）
　　三　返还请求权上主观归责的衔接适用方式 ……………（115）
　第二节　利息返还的具体规则与标准参照 ……………………（117）
　　一　行政返还利息：实际发生抑或独立考量 ……………（118）
　　二　利息起算时间：衡平决定及另定失效日期 …………（119）
　　三　我国行政法上利息返还的"利率"标准参照 ………（121）
　第三节　第三人返还义务的"隐性"适用 ……………………（124）
　第四节　行政法上返还义务继受的争议及规则 ………………（126）
　　一　行政法上返还义务继受的发生 ………………………（126）
　　二　"人身专属性"和"法律保留原则"的限制 ………（127）
　　三　行政法上返还义务继受的证成及拓展 ………………（128）

第八章　行政法返还请求权关联构造体系的建构 …………（131）
第一节　以请求权为基点的宪法、行政法、行政诉讼法互动 …（131）
　　一　公法权利：行政法体系中的总论角色 ……………（132）
　　二　行政行为理论和制度框架的更新 …………………（133）
　　三　请求权体系建构的理论衔接和制度互动 …………（134）
　　四　行政法上请求权关联构造的具体路径 ……………（135）
第二节　行政程序法的规范空缺及立法建议 …………………（136）
　　一　行政程序立法的关注倾向及偏离 …………………（137）
　　二　德国法上的理论争议和立法沿革 …………………（138）
　　三　返还请求权的"程序法"立法建议 ………………（139）
第三节　行政诉讼原告资格与诉讼类型的拓展 ………………（139）
　　一　行政诉讼参加主体的同等诉权资格 ………………（140）
　　二　一般给付诉讼类型及其适用 ………………………（142）
第四节　国家公法责任制度中返还责任的定位和设计 ………（144）
　　一　国家返还责任与赔偿责任的"混淆" ……………（145）
　　二　国家公法返还责任与民事返还责任的"隔阂" …（145）
　　三　国家返还责任的体系定位及其制度价值 …………（147）

附录　行政法返还请求权相关研究动态 ………………………（150）
　　一　域外公法返还程序、要件、制度的多样性 ………（150）
　　二　国内公法权利、公法责任、请求权细分的多角度考察 …（155）

参考文献 ……………………………………………………………（161）

后　记 ………………………………………………………………（178）

前　言

公法权利是新时代公法学理论创新和发展的重要载体，也是促进宪法与行政法互动、实现行政诉讼功能的关键性要素。但我国公法权利理论和制度尚不完善，公法权利救济深度依赖私法程序和私法规范，缺少对公法要素的基本考量。以返还请求权为例进行关联性构造的公法权利：既可通过请求权与公法权利的多重映射关系，明确其行政法救济的路径；又可通过请求权的公私法共性和公法地位差异，明确其救济的一般规则和特殊考量。

目前行政法上的请求权体系建构，多从与民法制度的平行角度进行，"公法不当得利返还请求权"即是在民法不当得利制度的基础上，抽象出行政返还实践中的债之关系和内容，并进一步确定其拘束和规范形式。只是私法债权理论上的诚实信用原则与信赖保护原则并非完全对应，基于依法行政原则的公共利益和个人信赖利益冲突抉择也难得支撑。即使目前注意到"公法不当得利"返还的请求权性质，并尝试与民法请求权体系内容关联，却仍止步民法制度和理论的宏观移植，反而陷入私法式请求权对法律规范体系的依赖性。既有研究借鉴民法上给付型和非给付型不当得利对行政法上返还请求权进行分类，使得授益行政给付之外的非给付型返还请求权成立缺少规范依据和实践基础，空有理论框架。问题和挑战并不否定探索精神和价值，即使公法上返还请求权历史悠久的德国，亦曾经历直接适用、类推适用、独立建构的三个阶段，并在实务与理论研究的争议、冲突中不断形塑。

在此背景下，基于国家征收权的税费返还，政府采购、拍卖、补偿等行政协议无效或撤销后的财产秩序恢复，以及授益行政行为撤销、废止或效力消灭后的给付返还，既与公民相对于国家的三种法律地位关联，又作为民法不当得利的平行制度而搭建起公私法桥梁。只是此一实践中频频发生的返还请求，在行政法上无据可依，裁判也不得不转向民法寻求救援。加上《行政诉讼法》原告资格的单向限定、"利害关系"标准的难以扩展，地方性《行政程序规定》返还拘束规则的缺失，以及国家责任体系中返还责任和赔偿责任的混淆等，与其谓之行政行为中心理论单一主导的故步自封，不如辨明其更源于由基础理论至整个关联制度体系及环节的暂未补足、规范。因而，以行政法上返还请求权为线索的体系反思、属性揭示、类型化指引、民事法律规范准用分析等，不仅是对公法权利救济中请求权关联构造方法稳健性的检验，更是对行政法上理论体系更新、制度规范建构拓展的一种有益尝试。

　　以此为基础，本书对行政行为理论中心的行政法体系建构，及公法权利对私法规范的依赖和其封闭式逻辑推理方法等进行了检讨；重构了行政法上返还请求权的基础要件；从请求权的公私法共性与衔接角度，明确了公法权利救济衔接适用私法原则、规范的一般性规则；从请求权的公法地位差异和行政特性区分角度，建构了具体关联领域的规范框架及实体程序考量规则。最后，尝试从行政程序法的规范补缺、行政诉讼法的给付判决适用、国家公法责任的制度设计等多个方面，论证行政法上请求权体系化建构的可行路径；并在阐明请求权关联构造的理论和制度价值的基础上，揭示公法权利通过行政法救济的普适性进路。

第 一 章

导论：公法权利的行政法救济

公法权利的救济严重依赖私法程序和私法规范。我们对私法上所建构的权利体系及请求权在权利构造中的地位并不陌生，人格权法上的请求权、债权请求权、物上请求权等也是作为私法制度的核心而存在。相比之下，今天人们对应如何解释公法权利的概念依旧存在争议。实践中，公法上无法律原因而发生的债权、物权变动，多因行政诉讼的案件受理和审查方式的局限性，而不得不作为一种特殊类型的私法权利进入私法程序寻求救济。甚至，公法权利的救济只停留在公私法程序相互"谦让"的受理争议中，缺乏行政法等公法理论体系的"承接"和回应。与此同时，行政法学发展也需要一种新的统筹概念，以激活单一行政行为理论中心的体系僵化局面。在此命题之下，学界开始尝试将公法权利作为行政诉讼受案范围的扩展依据，论证行政法上公法权利的衍生或非对称关系，建构原权型和救济型的行政法上请求权体系。但由于行政法上公法权利救济的理论和制度储备不足，司法实践中对公法权利的认定缺少统一标准和具体方法，反而使公法权利理论背负了适用混乱、阻击权利的不当批评。为此，本书将以返还请求权的关联构造为例，结合公法权利"公民地位关系"差异，阐释行政法上关联领域规范框架的建构方法，以及公私法规范衔接适用的可行路径，从而建立起总论（公法权利体系）与分论（关联领域）交互联系的公法权利救济体系。

第一节　公法权利的行政法救济实践

一　作为受案范围扩展依据的公法权利

我国《行政诉讼法》历次修订均采用"行政行为列举"加"人身权、财产权兜底"的案件受理模式，司法实践中对人身权、财产权的救济，依旧是从引起权利损害的行政行为的合法性角度进行审查。行政法上的以行政行为中心的理论和制度建构，并没有给权利视角下的救济和考量留下足够空间。并且，这一隔阂也导致大量需要通过行政法进行救济的权利损害未得其终，当事人只得在公私法程序之间来回跳转。最高人民法院在"刘广明诉张家港市人民政府行政复议案"中，[1] 首次援引德国法上的公法权利保护规范理论，对案件受理的"利害关系"基准进行解释，即从行政法规范有无"个人利益保护指向"的角度，证成行政相对人或相关人诉讼请求的可被受理性。这一实践创新，给行政法理论体系带来无限生机，关注公法权利命题的学者们开始了构建行政法上权利救济体系的试验。地方各级法院在"先例"的授意和指引下，也尝试以"公法权利"拓展行政诉讼的案件受理范围。然而，多数裁判仅是粗浅模仿"先例"，以法规范未包含"个人利益保护目的"为由，对"利害关系"的存在进行否定，理论研究的热度也不断下降。被纳入诉讼实践的公法权利理论，反而开始"背负限缩原告资格的不当骂名"[2]。

二　公私法程序和私法规范适用的困境

2014年《行政诉讼法》修订，首次将"土地房屋征收补偿协议"作为受案内容。在此之前，行政协议相关的人身权、财产权究竟应否通过行政诉讼程序救济，存在争议。行政审判庭法官认为，案件争议的焦点往往是财产的返还、补偿，并且导致财产权变动的行为虽由行政主体作

---

[1] 最高人民法院（2017）最高法行申字第169号行政裁定书。
[2] 赵宏：《原告资格从"不利影响"到"主观公权利"的转向与影响——刘广明诉张家港市人民政府行政复议案评析》，《交大法学》2019年第2期，第180页。

出，但与一般的私人主体行为并无本质上的差别，更何况行政诉讼缺少对协议（合同）的实体法规范，即便选择行政诉讼程序，裁判结果也只能依据私法规范作出，因而理应通过私法程序适用私法规范进行管辖和审判。民事审判庭法官在审理较多此类型的案件后，却也倾向于拒绝受理涉及行政主体的协议或合同类案件，背后的原因并不复杂，抛开行政领域事务裁判的生涩和越界的批评，及行政法庞杂规范体系检索的人力、物力消耗不谈，裁判结果也难以得到任何一方的认可。

对行政主体来说，划拨行政相对人的拆迁补偿款以抵偿其债权，是为实现行政管理既定目标而采取的必要措施，进入私法程序且作为与相对人地位平等的案件当事人，是对行政权威性和执行力的削弱，是司法裁判对行政治理和自由裁量空间的不当干涉。对行政相对人而言，公法规范和程序是公法权利救济的基础，将之作为私主体之间的债权和物权纠纷进行裁判，无疑会遗漏行政法官可能会考量的公法原则、理念和要素。更有可能的是，当事人将对裁判否定性结果的不满意情绪，转嫁到对民事法官案件裁判不公平、不公正的无端指责上。相比"不得已"进入私法程序的公法权利主体，案件主审法官似乎也是"不得已"而裁判。因为摒弃其所熟悉的权利义务对应关系及请求权思维方法，脱离私法领域权利与实体法规范的严格对照关系进行判断，无疑是一种极具风险的挑战。公法权利的救济似乎难以与既有的任何理论、制度相嵌套。

三　行政给付诉讼关联制度的空缺

尽管公法权利行政法救济的前路"漫长"，行政法上理论制度的自我革新尝试却从未停止。事实上，行政诉讼不仅在受案范围上（如行政协议）展现出了自己的包容力，2014年《行政诉讼法》修订新增给付诉讼判决类型，更是表明了其对实践需求积极回应的担当。民事诉讼中，诉讼类型划分清晰、功能明确，给付诉讼是作为与确认诉讼、变更诉讼并列的重要诉讼类型之一。行政行为中心建构的行政诉讼体系，确立的则是撤销诉讼、履行诉讼、变更诉讼和确认诉讼等诉讼类型，给付诉讼并非行政诉讼的核心内容。反观域外行政诉讼理论和实践，给付诉讼在行政法上的地位与民法相当。

2014年我国《行政诉讼法》修订,其中增加了一条关于"给付诉讼"规定,但实践中往往仅将其作为不作为型履行判决的补丁,即只有在行政不作为的前提下才能适用该类型诉讼进行判决。这种非独立性的定位对给付和履行判决的适用都带来了极大的限制,并且也混淆了两者原本的功能。例如给付诉讼仅适用于金钱、财物的给付,也包含行政行为的作出,行政主体所履行的究竟是给付义务还是履行的法定职责,存在争议。而域外则是在给付诉讼的核心建构下,进一步将其划分为一般给付诉讼、课予义务诉讼两种类型,避免给付内容的争议。我国《行政诉讼法》新增给付诉讼类型后,仍面临给付内容、给付形式的制度空缺问题,因而即便常见的财产型公法权利救济与裁判,[①] 法官仍旧很难毫无疑虑地确定该种诉讼类型的应然适用和救济路径。

小　　结

从援引德国公法权利理论扩展行政诉讼受案范围,到给付诉讼类型的增加,我们可以初步得出一个结论,行政法具有充足的意愿和空间来救济公法权利,唯独缺少深厚的理论积淀和配套的制度支撑。公法权利的救济不得不进入私法程序,寻找私法规范作为救济基础,即是因行政法上的受理和审查机制不完善而致。公法权利理论扩展行政诉讼受案范围的尝试之所以被否定,是因为最高人民法院在"刘广明案"中所指明的方向和留下的空白同样显著,地方各级法院的援引也以模仿为主,忽略了权利救济的体系性。权利就是如此,权利的疆域无所不及,却也极容易迷失,脱离了传统行政行为模式的设定和边界,反而让舍弃当下、果断尝试的个案裁判者手足无措。

可以说公法权利成功地激活了行政法,但也让行政诉讼的案件受理、审查和裁判变得松散和不统一,一定程度上引发了学界和实务界对公法权利理论前景的担忧。公法权利除了委身私法程序、适用私法规范获得

---

① 公法权利在行政法上的救济主要涉及人身权和财产权两种类型,自由权和参与权在某种程度上可以透过前两种类型的权利得以体现。人身相关的公法权利在国家赔偿法、刑法及民法的领域讨论较多,财产型公法权利是我们在公法权利救济命题下所要探讨的重心。

救济，似乎没有更好的选择。但在否定公法权利并再次寻找新的统筹性概念之前，我们不妨重新审视一下公法权利理论的具体应用，回顾当下理论形成和实践探索的构想与机制。是否只因照搬和套用了私法权利救济的理论和方法，而忽视了公法上权利实现与行政主体之间关系的特殊性。如是，我们只需要针对性地调整应对机制，并在公私法共性和差异的基础上，设计公私法衔接的公法权利救济蓝图，使得公法权利的行政法救济真正步入正轨。

第二节 行政法上权利体系建构的尝试、方向及缺陷

一 私法权利义务逐一对应模式的沿用

厘清权利与请求权的关系，是行政法上公法权利研究的一项重要任务。请求权这一源于私法权利救济体系的核心概念和工具，在行政法上也具有非常重要的价值。但是，按照私法上权利与义务的逐一对应关系，从行政法行政主体的义务性规范中寻找公法权利或请求权存在的基础和支撑，一方面使案件裁判重新回到对法官价值判断的依赖中，[①]与简洁、统一的受案标准背道而驰；另一方面，从义务性的规范反推个体公法权利的有无，则多因反射利益与个人私益界限的模糊性，增添权利救济的复杂性。实践中，即便认可和采用逐一对应模式，也多因行政立法侧重对行政主体的行为作出规范，而非对权利进行明确，留下大量的权利推导真空，等待行政立法填补。这不仅无益于缓解当下公法权利救济的困境，反而徒增立法模式急剧转向的风险和负担。基于私法权利模式，学者尝试从行政法规范中寻找并论证正当程序权、行政确认物权和商品申请抽查检验权，抛开权利能否成立，检索行政法规范证立体系化的公法权利及其请求权，对公法权利的救济是否真正有效呢？行政法上公法权利的救济，首先需要明确的是公法权利本身在行政法上的存在形式。私法模式移植的不适应性，不表示公法权利不适宜在行政法上生成，私法上权利、请求权的成功也不意味着私法权利与义务逐一对应也必然是公

[①] 王本存：《论行政法上的公法权利》，《现代法学》2015年第3期，第58页。

法权利救济的唯一可行路径和应然选择。

二　行政法上请求权体系的建构

与私法权利义务逐一对应模式的移植同步，作为权利救济的核心概念——请求权，也开始了其在行政法上建构的探索。行政法上的请求权体系有多种建构思路，如原权型请求权与救济型请求权、[1] 干扰防御请求权与给付请求权，[2] 以及具有规范基础和需要规范解释的请求权等。[3] 但本质上请求权体系离不开公法权利的基础支撑，毕竟行政法上请求权的构造本身即是服务于权利的实现，也需要借由请求权联结割裂的行政法与行政诉讼法。王锴教授的原权型与救济型请求权的类型划分，较为详细地对请求权在行政法上的不同形态进行了宏观论证，包括以实体性的给付请求权、公法上不当得利请求权和程序性的无瑕疵裁量请求权为代表的原权型请求权，和以不作为请求权、结果除去请求权为代表的救济型请求权。公法上不当得利请求权、不作为请求权等指明了行政法上请求权的建构方向，但仍未能完全脱离私法式请求权思维和定式。另有私法式请求权移植研究，无论请求权形态抑或生成路径，均缺少对公私法权利、请求权相互联系的关注，反而是急于划清公私法界限，抹去私法痕迹、自成体系。这使以请求权为核心的公法权利救济，不可避免地导向行政法规范的缺失或是对法官经验性解释的过度依赖，从而进一步否定公法权利体系的建构可能，并将之归咎于行政法理论和制度的储备不足，及缺少私法式的法规范基础的充沛供给。

行政法上行政行为中心的理论和制度发展与其所诞生的背景有关，但随着时代变迁，"具体行政行为"概念未能完成行政法学理论体系化的任务，也无法统合新的问题。[4] 学界尝试移植私法式权利体系和请求权方法，又被已经建立的行政法学理论框架所束缚，但这至少彰显了行政法

---

[1] 王锴：《行政法上请求权的体系及功能研究》，《现代法学》2012年第5期，第82页。
[2] 徐以祥：《行政法上请求权的理论构造》，《法学研究》2010年第6期，第35—36页。
[3] 王本存：《论行政法上的公法权利》，《现代法学》2015年第3期，第63—64页。
[4] 朱芒：《中国行政法学的体系化困境及其突破方向》，《清华法学》2015年第1期，第6页。

三 私法式、规范式与衍生式公法权利救济的尝试

随着公法权利行政法救济实践的推进，学者们也在持续更新私法式、规范式、衍生式的公法权利救济模型，意在寻找并建构理论贯通、实践可行的行政法范式。持私法式救济观点的学者认为选择公法或私法程序，对权利救济的结果没有影响，公法权利可通过类推适用民法，对财产变动进行恢复，对权益损害进行补偿。对某一类型的公法权利而言，公私法裁判结论可能没有差别，但是私法程序和私法规范并不能保证不会遗漏对公法要素的考量。持规范式救济观点的学者，强调公法权利救济以保护规范理论为基础，对公法权利的成立进行严格解释。① 不过，近来域外学者对保护规范理论的解释，却呈现宽松的趋势。如阿斯曼认为公法权利生成的基础不仅限于具体法律，也可以从历史、体系、内涵、理念等多个角度论证"私益的保护性"存在。② 与公法权利理论趋向开放、包容相反，其所被认可和发挥价值的领域却是在不断限缩。实践中，行政行为的相对人作为权利救济主体无多疑虑，保护规范理论更多在受行政行为效力辐射的第三人原告资格认定中发挥作用。但这一理论并未能够继续作为权利救济主线贯穿始终，存在较大程度的割裂。作用范围小加上作用阶段有限，规范式的公法权利救济理论建构发展也近乎停滞。对行政法学界而言，似乎援引生疏理论扩展案件受理范围、建立新的权利体系和规则，远不如定期修改行政诉讼法扩大受案范围更为轻松。

衍生式的公法权利救济思路较为新颖，其将行政法上的公法权利划分为形式上已识别和未识别两种。受损害的利益往往导向未识别的"规范式"公法权利，虽然难以直接与已识别的公法权利建立联系，但可以通过未识别的公法权利与已识别的公法权利之间的"衍生关系"③，对未

---

① 保护规范理论三要件为：法规范的存在、私益的保护目的和援引的可能性，历经多次迭代，已成为公法权利理论的重要内容。

② 鲁鹏宇：《德国公权理论评介》，《法制与社会发展》2010年第5期，第42页。

③ 朱新力、徐凤烈：《从经验回归逻辑：请求权理论在行政法中的扬弃——从最高人民法院第69号指导案例楔入》，《江苏行政学院学报》2017年第1期，第120页。

识别、受到实质损害的公法权利进行救济。作者直言如何识别这类特定的衍生公法权利是后续研究的关键，目前仍待下文。随着社会的发展和行政法的不断更新，衍生性公法权利的不确定性和波动性，也将影响这一模式的推广和应用。但与其建构成熟的理论以应用于实践，不如不断地实践、归纳来实现理论的自洽，就此而言，对特定衍生公法权利的揭示，已经非常有价值。

小　结

行政法上围绕公法权利救济的理论和实践探索从未停止，这种锲而不舍的精神和经验智识的积累，为我们揭开行政法体系化困境的面纱确立了重要的基础。沿着私法上权利义务的逐一对应关系，我们得以识别"规范式"公法权利，但以行政法规范为基础的推导方式，存在对法官个人经验和解释能力的过度依赖，加上行政法规范本身对权利可推导的微弱支撑和个体认知的差异性，较难实现预期的建构目标。

行政法上请求权的具体建构，则将这种依赖性和差异性的效应进一步放大。例如，由具体行政法条文推导出行政奖励请求权、正当程序请求权、商品抽查检验请求权的尝试，仅止步于请求权具体形态的展现，缺少对其体系性功能的发掘。而原权型与救济型请求权的逻辑化、体系化研究，也因属于类型划分和具体阐释的基础性论证，未进一步阐释指导救济实践的具体联系和结合机制。

在此基础上，私法式、规范式、衍生式的公法权利救济模式不断迭代。衍生式的权利救济模式可以从行政法庞大体系的具体权利识别难题中逃逸，但这一课题最核心的衍生识别机制和可行路径仍旧空白；私法式的权利救济模式，虽然容易识别并可借助私法的成熟体系和方法，但公私法程序的隔阂和私法程序对公法考量的天然缺陷，使得行政法上的公法权利救济既没有获得独立建构，又未能脱离公私法制度的边缘。

第三节 回到公法权利理论的本质揭示和一般模式建构

一 公私法权利体系分立的时代背景

公法权利救济对私法程序和私法规范的倚重，行政法上权利与义务对应关系的错位，以及私法式、规范式、衍生式公法权利救济模式的迭代，传达更多的是公法权利行政法救济可能性的疑问。似乎是公法权利理论存在天然的缺陷，无法应用到公法实践中进行权利救济。那么，事实是否如此呢？

行政法学理论的选择和发展具有一定的时代局限性，但是固守单一理论、停止创新和尝试，反而是一种自我限制。今天我们所处的已经远非行政法学起步的时代，以德国"警察法为模板"，注重"防御侵害"和"行为规范"的行政行为理论，[1] 因不适应时代和变迁后多领域、多任务拓展的需求而饱受批评。德国学者认为伴随理论危机的加深，行政法必将迎来重大转折。我国行政法学界也一直致力于寻找取代行政行为的统筹性概念，如行政任务、行政类型、行政法律关系和行政法律机制等。[2]

而在行政行为理论诞生之前，公法权利理论为更多的学者所青睐，反而通过行政行为的概念去建构庞大的行政法体系是难以想象的。不过由于彼时行政行为理论更契合国家行政的高权性和主导性，从而逐步带动了世界范围内多数大陆法系国家进行行政行为主体、程序、合法性审查等为中心的行政法学体例变革。与此同时，通过剥离罗马法上的诉所内含的诉权要素（程序权利），温德沙伊德提出了实体法上的请求权概念（实体权利）。随着请求权概念进一步被德国民法典吸收并作为私法法典化和体系化的基点，私法上开始了以权利、请求权为中心的理论制度建

---

[1] Wolfgang Meyer-Hesemann, "Die Paradigmatische Bedeutung Otto Mayers fuer die Entwicklung der deutschen Verwaltungsrechtswissenschaft", *Rechtstheorie*, Vol. 13, No. 4, 1982, S. 497.

[2] 虽然单一的"行政行为"概念和理论体系已难支撑如今行政法学广袤、深厚的规范领域，但舍弃这一域内外百年共建的知识体系并不现实，也非明智的选择。如何通过公法权利体系和请求权方法融合既有行政行为制度资源，也是本书研究的重要内容之一。

构，由于请求权出色的灵活性，权利义务的逐一对应性和请求权与法规范基础的强关联性，私法权利体系和请求权方法迅速蔓延。受时代背景和公私法学理论发展分化的影响，私法上权利和请求权体系的建构总是与带有公法要素的诉权、责任概念保持距离，权利在公法上救济的理论研究在此双重冲击下，发展几乎停滞。至此，我们很难说是公法权利理论自身的缺陷或其发展空间的有限性，导致了其发展的没落。

二 权利体系和请求权方法的价值证明

现今私法多围绕权利体系进行法典化建构，从早期财产权、非财产权的权利分类，到目前以被保护的利益为标准进行财产权、知识产权、人格权、亲属权、社员权的类型化，权利已经成为民法体系的基本构成单元。从罗马法"诉"中分离实体化的请求权概念，以其对权利救济接近本质的法规范寻找和逻辑演绎方法，迅速获得了学界的一致青睐。借由权利的细分和请求权"因式"提取和铺陈，[1] 自《德国民法典》开始，相比传统罗马法中私法规则的游离，现代民法已经通过法典化发展成为逻辑自洽、体系完备的成熟部门法。目前民法上对请求权的讨论，已经远非请求权是否是实体权利的争议，而是确认物权请求权与物权、债权与债权请求权的应然安置，以及依赖请求权进行体系化建构的过程中，如何保持系统的开放性和动态发展等。由此发展并抽象出一般性请求权规则，并将抽象规则通过逻辑推理进行具体化的思维模式，也同样为私法权利体系和请求权方法地位的确立奠定了重要基础。

反观行政法上建立起来的权利救济进路，却未与权利本身建立起直接的联系，反而是通过判断受损害利益与具体行政行为间的法律上关系，进入行政行为合法性审查和裁判的程序中。这一模式虽然有行政行为理论及制度的支撑，但也极度依赖于既有制度规范的"列举式"修补。我国《行政诉讼法》修订增加行政协议和政府信息公开两种类型案件的可受理，已经昭示了单一行政行为关联性论证与合法性审查模式的局限性。

---

[1] 辜明安：《请求权在民事权利结构中的性质与地位》，《西南政法大学学报》2007年第5期，第13页。

行政法学者多年来也一直致力于对行政法学基础理论的创新与探索，单一理论主导的模式不再被簇拥，多元化则成为建构行政法学殿堂的必然选择。行政法律关系下权利义务的论证和推导即是其中一例，最高人民法院第 69 号指导案例——王明德案，[1] 使用"对权利义务产生实质影响"解释受理和审查过程性行为（中止通知）的合法性，也揭开了行政诉讼救济程序中发挥"权利"重要作用的序幕。我们仍然需要面对的疑问是，公法权利及请求权方法如何在行政法救济中展开？

三　基于公法地位关系的行政法救济路径揭示

公法权利理论的发展经历了一个由急速扩张到自我限缩的过程。早期公法权利理论涵盖所有公法所调整范围内的主体，不仅包括公民、组织，国家和行政机关也是其重要组成。为了更好地将理论应用于实践，比勒、巴霍夫在内的公法学者开始了建构公法权利理论三要件的尝试，即实体法规范基础、私益保护目的和援引可能性，用以区分公法权利所保护的利益与公法上反射利益。学者在引述公法权利理论时，逐渐将三要件为基础的保护规范理论与公法权利理论本身等同。由于公法权利的辐射范围广，且与之对应的实体法规范基础薄弱，保护规范理论陷入了对立法者意志的依赖，忽视了其他规范、价值和社会现实等角度对权利证成的需要。

德国《基本法》制定基础上发展起来的基本权利理论及其版图扩张，使得公法权利理论热度不断下降。[2] 即使已经占据的行政诉讼第三人资格判断"领地"，也随着近年来宪法的第三人效力研究冲击，不断限缩。不可否认，基本权利理论对权利保护具有重要意义，相比公法权利，其救济并不局限于公法或私法的程序。只是我国宪法框架下的基本权利，依旧需要通过行政法、民法等部门法规范进行具体化落实，宪法规范的司法适用路径仍待明确。行政法学理论和具体制度较少涉及权利要素，因而相比民法，公法权利的行政法救济基础仍然是薄弱的，但这意味着公

---

[1] 参见最高人民法院指导案例（2016）第 69 号。
[2] 结合我国宪法实施和监督的特点，公法权利理论反而具有非常重要的研究和适用价值。

法权利前景必定是昏暗无光的吗？其实不然，我们所要找寻的"光明"反而一直埋藏在公法权利理论的最初建构历史中。早在19世纪末，公法权利的奠基人之一耶林内克在其《主观公法权利体系》一书中，就已经阐明主观权利在公法上的特殊性——公法地位关系。① 相比私法中权利义务的逐一对应关系及主体间的平等地位，公民所享有的公法权利因其相对于国家的不同地位而有所区别，如财产权与消极地位对应、受益权与积极地位对应、税费义务与被动地位对应等。这些最基础的公法地位关系，正是我们今天在行政法上借鉴私法权利体系和请求权方法进行权利体系建构时最容易忽视的。

即便公法权利的发展受到了历史、法源、学说、制度的重重限制，其重要性仍被反复论及，不过我国行政法学仍缺少对公法权利这一关键命题的回应。公法权利的体系建构与救济实现，难以直接与行政行为中心的行政法规范体系相融。即便经验丰富、技艺精湛的大法官，在援引公法权利理论，尝试从公法权利的个案侵益性角度证立原告资格时，仍不免陷入对"立法者的主观意图"的考量中，② 而非真正参酌规范体系、立法宗旨、行为目的，从整体作出判断。同时，由于"刘广明案"首次援引的示范性作用，各级法院开始纷纷仿效援引，否定当事人的利害关系，使得保护规范理论非但未能成为行政法上权利救济的有效工具，反而成为限缩原告资格的正当理由。

我们在应用私法逻辑证立公法权利时，因忽视公法上权利与公民地位的特殊对应关系，而未能建立起与公法上"关联领域"有效衔接的权利体系。任何摒弃行政法既有制度资源、完全采用依赖具体法规范的私法式权利体系建构的尝试，都是不明智且很难取得预期效果的。朱芒教授在《中国行政法学的体系化困境及其突破方向》一文中，借助德国阿斯曼教授的理论框架，论及关联领域与交互影响关系作为新体系建构的

---

① [德]格奥格·耶林内克：《主观公法权利体系》，曾韬、赵天书译，中国政法大学出版社2012年版，第78页。
② 赵宏：《原告资格从"不利影响"到"主观公权利"的转向与影响——刘广明诉张家港市人民政府行政复议案评析》，《交大法学》2019年第2期，第189页。

可能性。① 我们所要寻找的可以统合新问题、建构新体系的关键概念，势必需要可以与各个具体行政领域的法制度（关联领域）之间建立交互影响关系，从而免于空洞化、应对新问题，避免自我封闭。行政法上公法权利的体系建构与请求权方法的应用，恰好可以与各个具体行政法领域产生良好的互动关系，而且由此建立起来的行政法具体关联领域的规范框架及过滤机制，也可以使传统不得不转向民事法律规范适用的"不得已"，转变为公私法规范衔接、协作的"理所应当"。

四 公法权利行政法救济一般模式的理论建构

我们将以财产型的公法权利为例，对行政法救济的关联构造模式进行阐释，这既是私法权利体系所擅长的，② 也是公法权利行政法救济最容易应用和被接纳的领域，但这并不表示公法权利的请求权关联构造方法，应用范围仅局限于此。

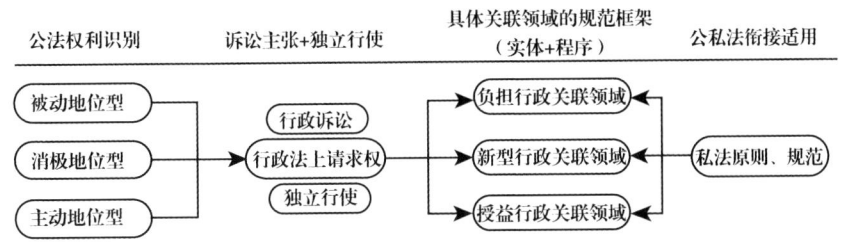

图 1-1 公法权利行政法救济的一般模式

公法权利中财产权或人身权的识别和分类并不困难，在行政法上较难把握的是受损害权利的具体形态，例如公法权利体系建构本身的欠缺，导致权利未被识别或后续的救济程序无法进行。所幸行政法上请求权的主要形态，我们已经借助私法权利体系和请求权方法进行了较为体系的建构。如图 1-1 所示，即便我们仅能够对受到影响的公法权利作出被

---

① 朱芒：《中国行政法学的体系化困境及其突破方向》，《清华法学》2015 年第 1 期，第 16 页。
② 如民法上债权、合同、知识产权体系等多是围绕财产权的保护而建构。

动、消极或主动的类型划分，在行政法请求权可得明确的情形下，未识别的或衍生的公法权利便可直接通过行政法上请求权与公法权利的互动映射关系，进入具体行政关联领域的实体与程序规范框架的过滤机制中；同时，也可以通过请求权的公私法共性和公法地位差异，进一步明确其救济的一般规则和特殊考量。

值得注意的是，"王明德案"涉及的过程性行为和"刘广明案"展示的抽象行政行为等是否可受案的问题，公法权利依然可以游刃有余地发挥作用。例如，"王明德案"中的"工伤认定中止通知"，本属于过程性行为而不可诉，却因中止的终局性，致使相对人权利无法实现、受到实质影响，自然在公法权利理论的涵摄范围之内。进一步来看，"工伤认定"属于请求行政机关给予某种授益为目的的资格许可，属于公民处于积极地位的受益权上所衍生的某种未被识别的分支权利受到侵害，可以通过行政法上的给付请求权（独立行使或诉讼主张），进入"工伤认定"这一具体的行政关联领域进行救济。这一案件并不涉及私法性的争议和规范衔接适用问题。相比之下，"刘广明案"可以展示请求权关联模式涉及公私法衔接难题的判断方法，及拓展案件受理范围的新思路。

传统上的"政府规划通知"属于抽象行政行为（规范性文件），只能在具体行政行为的诉讼程序中进行附带审查。如果政府规划通知对刘广明的土地使用权施加了不利影响，则可以通过公私法共同调整的一般性财产权（消极地位）与行政法上的结果除去请求权（防御请求权），进入"土地管理"这一行政关联领域，进行原则、规范、价值等的适用衡量和抉择。在公法上规范空缺且公私法不存在原则性冲突时，亦可通过结果除去请求权援引私法规范进行裁判。

前述两个较为复杂的、并非公法权利理论所擅长领域案例的阐释，只是要说明公法权利请求权关联模式适用的稳健性。而事实上，过程性行为和抽象行政行为的受理和审查，更需要的是行政法自身包容力和裁判力的扩大。对于"王明德案"，行政法更应该从过程性行为的终局化等角度，完善理论、回应诉求；对于"刘广明案"，我们需要致力的方向应是规范性文件的审查体系建构。如果仅将公法权利作为判断是否具有原告资格的工具，而未能建立起权利中心的救济框架，那么其所能够展现的价值、功能是非常有限的。

第四节 以行政法返还请求权为例的关联构造与检视

我们以行政法上返还请求权的关联构造为例,对公法权利行政法救济模型的兼容性和实效性进行检验。行政法上的返还请求权,旨在恢复行政法律关系之下的受利益、无法律上的原因的财产秩序。我国学者在讨论授益行政行为撤销后的授益返还问题时,曾借用"公法上的不当得利返还请求权"概念进行指代。德国公法上为了脱离民法制度的影响,突出行政法上独立价值和重要作用,并没有沿用"不当得利"的表述。

根据公民权利上公民地位关系的类型,我们可以将未识别、共享返还请求权的公法权利划分为国家的征收权(被动地位)、① 国家或公民的财产权(消极地位)和公民的受益权(积极地位)三种类型。如图1-2所示,未识别或衍生的公法权利便可通过行政法上的返还请求权进行救济,包括独立行使和诉讼主张两种形式。进而,我们便可通过公法权利类型的甄别和请求权方法的应用,进入具体的行政关联领域,如行政征收、行政协议(行政私法活动)和行政给付等,检索未识别权利救济的实体性和程序性规则。如果将行政关联领域规范框架形象化的话,就好比一张横纵丝线交叉的"渔网",横向代表实体性规则(规范范围和程度),纵向由程序性规则(序列和节点)组成;而"漏网之鱼"恰可借助请求权的公私法共性,援引私法上的原则、规范进行承接,填补行政法发展中的空缺。随着社会的发展和时代的变迁,公法权利辐射的范围逐渐扩张,请求权关联构造的公法权利救济模型,正可与规则"网"的延伸和漏洞的修补同步。行政法上也一直缺少一个统筹性的概念,我们可以利用公法权利体系来完善对行政法总论角色的建构,同时借由请求权关联构造方法,建立起总论与分论(关联领域)之间的联系。

---

① 详见本书"公法权利理论的整体性与国家请求权的客观存在"部分的论述,学者的相关阐释亦可参见[德]哈特穆特·鲍尔、赵宏《国家的主观公权利——针对主观公权利的探讨》,《财经法学》2018年第1期,第6页。

16 ◇ 公法权利的行政法救济

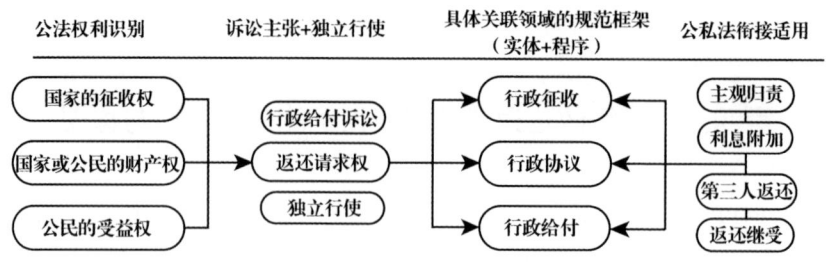

图 1-2　行政法上返还请求权的关联构造

那么，请求权在具体行政关联领域适用的价值是如何体现的呢？首先，行政征收（被动地位）关联领域主要包括税和费两种形式，返还请求权可据此划分为两大类型，第一种类型包括多缴或误缴税款、骗取出口退税、不当减免税款及进出口多征税款的返还等，如瑞安市蔡氏制革公司因税务处理决定违法致使多缴税款的返还，[1] 苏州工业园区中辰进出口公司以"真代理假自营"方式骗取退税的返还，[2] 无锡尚德太阳能公司借"慈善捐赠"虚开1500万元发票实现税款减免的返还等。[3] 第二种类型是自定依据或曲解、违反法律规定的收费返还，如苏州某行政单位收取查询企业登记信息费100元（查询费），后经法院判决确认信息公开申请收费违法需返还。[4] 在此关联领域，表现出相对人返还请求权实现的多重阻力，如税务行政诉讼复议和清税的双重前置；而行政主体返还请求权的实现，则具有强制措施和强制执行的多重保障，行政机关可以通过作出"行政决定"的方式要求返还，在遭到相对人拒绝时，还可以通过向法院申请强制执行的方式予以实现。因此，在税收征管和规费返还领域，我们需要的特殊考量（规范框架）是寻找和明确行政主体实现返还的法律依据，注重对相对人权利实现途径和实现程序的保障。

其次，对于行政协议关联领域，行政法返还请求权则与政府经营活

---

[1] 参见武威市凉州区人民法院（2017）甘0602行初23号行政判决书。
[2] 参见苏州市姑苏区人民法院（2017）苏0508行初180号行政判决书。
[3] 郝成、叶文添：《尚德"漏税"定案 施正荣商业成信沦陷》，《中国经营报》2013年1月28日第1版。
[4] 参见苏州市吴江区人民法院（2014）吴江行初字第0032号行政判决书。

动、政府采购、政府拍卖、征收补偿等具体关联领域衔接。返还请求权的发生一般以行政协议无效或撤销为基础，现有立法的"可以适用民事法律规范"指向和诉讼裁判最终适用《民事诉讼法》《合同法》作出，一方面体现出公私法规范衔接的必要性，另一方面也暴露出了实践中行政法返还实践的私法指向弊端和公法价值衡量的缺少。这也是权利体系和请求权方法的价值体现，既可明确不同关联领域请求权的不同特点，也可补足传统单一适用行政法规范或援引民事法律规范的综合性、个案考量性不足的缺点。

最后，对于公民的受益权——基于授益行政行为无效、撤销或废止的返还请求权类型，我们可以在明确行政行为无效、撤销、废止或条件成就的发生基础之上，着重考察信赖保护原则和比例原则的应用，实现冲突利益的衡平。而对于公私法规范的衔接，则包括主观归责的行政法价值考量及适用方式、利息返还的确定方法、期间计算及利率标准参照，第三人的返还义务、返还义务继受等争议问题，则可基于请求权的公私法共性和差异，进行公私法规范适用的互动和衔接。

第 二 章

基于请求权发展和公法权利重拾的行政法反思

行政法与民法虽然分属公私不同法域，公法权利与私法权利也存在形式上的差别，概念移植难以自洽，但是民法权利细分和请求权体系连接的发展路径，仍可为行政法上的有益参考和借鉴。民法上的请求权作为私法权利实现的媒介，既体现为权利的特定法律地位，又代表其利益具体实现的意志能力，如不当得利请求权与债权法律地位、财产利益的对应关系。此种关联，对分析行政法上的给付请求权、返还请求权与基础性公法权利的对应而言，同样有价值。德国学者耶林内克即曾"系统借鉴民法请求权理论""来阐述公法请求权"。行政行为理论之集大成者奥拓·迈耶，亦是借助"私法的研究方法"和理论积淀层层抽象，才概括出了今为所知的行政法学概念体系雏形。[①]

我国行政法理论体系的发展，与民法上的概念、规则及思维方法等，也有着千丝万缕的联系。"具体行政行为"概念的阐释和运用，即是充分借鉴了"民事法律行为"的定义和规则，并以此促进了行政法上"合法性审查的共通标准"的建立。[②] 因而，回溯请求权的发展及其与行政法基础理论的分离，不仅有助于反思当下行政法制度体系，亦能帮助我们揭示行政法上请求权的独特性质。

---

① 王本存：《论行政法上的公法权利》，《现代法学》2015 年第 3 期，第 58 页。
② 徐以祥：《行政法上请求权的理论构造》，《法学研究》2010 年第 6 期，第 29 页。

第一节　请求权的概念发端、体系建构及公私法分离

从请求权的发端及其体系化角度，反思行政法上请求权的发展与建构，无疑是有意义的。实体权利意义上的请求权概念"发现"，一方面，使权利脱离诉权中心主义的束缚，得以在诉权之外通过私人间请求实现，权利形态由抽象转向具体；另一方面，请求权所发挥的"枢纽"作用，将民法"纷乱"抽象的格局链接为层次清晰、易于适用的法律体系。并借由请求权"公因式提取"所形成的"概念金字塔"，使法律人得以在一定逻辑结构的指引下进行思考。

一　请求权概念的发端及其形塑

请求权起源于罗马法上的"诉"[1]。尽管罗马法上的"正当"已经接近权利实质，并通过"诉"的规则和技术有所体现，[2] 但直至文艺复兴时期之前，"权利"的概念是否存在都是有争议的。考夫曼在《法律哲学》一书中指出，"罗马法奠基于诉讼程序"，"权利"以诉权方式被理解。[3] 从我们现在对权利的实体性和程序性区分角度来看，罗马法上"诉"所请求的内容与"诉"本身并不一致，既包含现代意义上请求权分析的实体法内容，[4] 还具有程序性拘束的"法庭审理和法庭保护"规范。[5] 与其说有无"权利"之考量，有没有"诉权"才是彼时人们所真正思考的问题。罗马法上"权利"救济的制度化，以及大量不同类型"诉"的设置，在法律对私人权利实现的和平方式引导上，都提供了坐标系式参考。

---

[1] 罗马法被冠于的重量级头衔数不胜数，例如"现代民法的启蒙""中世纪复兴运动"和"商品社会的第一个世界性的法律"等，不仅如此，其所蕴含的自然、理性精神也对现代产生了深刻影响。

[2] 参见张文显《法哲学范畴研究》（修订版），中国政法大学出版社 2001 年版，第 282—283 页。

[3] ［德］考夫曼：《法律哲学》，刘幸义译，法律出版社 2004 年版，第 207 页。

[4] 参见付荣《请求权方法的历史源流分析》，《比较法研究》2006 年第 6 期，第 112 页。

[5] 《十二铜表法》即将诉讼规范"审判引言""审判条例及续"先于实体规范"债务法"陈列。参见杨明《请求权、私权救济与民事权利体系》，《比较法研究》2007 年第 4 期，第 65 页。

经由"诉"的诉权和可诉请性因素剥离,以及纯粹实体法上的请求权概念提出,权利获得诉讼救济之外独立主张的"进化"。19世纪末,随着经济繁荣和交易数量激增,"诉"的种类规模也不断扩大,原本依靠"诉"实现"权利请求"的模式不堪重负,"权利"的实体化诉求高涨;更重要的是,该时期文艺复兴、天赋人权的权利思想逐渐沉淀和成熟,加上自然科学领域物理定律公式化表达的影响,以及法律实证主义的盛行,请求权概念逐渐形塑。萨维尼推崇罗马法所成就的"正义规则的纯净形式",仅依素常本性而无须法律素养,也可体察"近乎自然"的伟大认知。[1] 他认为由侵害行为连接的主体之间可进入特定法律关系,并产生其中一方对另一方的"要求一个确定行为"的请求权,[2] 温德沙伊德反对萨维尼权利的"侵害前提"要件,他认为罗马法上的"诉"一词可以通过六种依次变窄的递进概念表述,[3] 最后一种"诉讼或起诉权利"的具体指向,即是请求权的实质内容。[4]

从萨维尼"权利受到侵害"为前提,到温德沙伊德"不以侵害为要件"的独立性,以及权利主张不受法庭诉讼和非诉讼方式限制的实体性,作为权利诉求实现的请求权概念基本成型。这也意味着在权利侵害之前,实体上的请求权也是存在的,例如买受人基于诉权可以要求出卖人履行约定义务,但无须在拒绝前行使该诉权。基于"诉"这一罗马法上复合性概念的回溯和分解,实体性权利、请求权得到发现,或说"创造"。请求权概念的提出,促使"诉权"中心思想的制度体系逐渐向实体权利中心的构造转变,由此,实体法和程序法以请求权为"枢纽"各自分工,[5]

---

[1] [德] 萨维尼:《论立法与法学的当代使命》,许章润译,中国法制出版社2000年版,第17—18页。

[2] 朱岩:《论请求权》,《判解研究》2003年第4期,第67页。

[3] 即行为、协商、法庭的审理、争议性的法庭审理、涉及侵害人的争议性的法庭审理、诉讼或起诉的权利。

[4] Bernhard Windscheid, *Lehrbuch des Pandektenrechts*, Frankfurt: Rütten & Loening, 1900, pp. 160 - 161.

[5] 当实体权利受侵害或有争议时,程序的任务在于排除其疑义并使之实现。私法权利是第一位的,通过诉讼程序实现是第二位的。参见 [德] 卡尔·拉伦茨《德国民法通论》(上),王晓晔等译,法律出版社2003年版,边码245。

为权利实现协力共济、提供保障。使权利的实现在"诉讼救济"之外获得请求权独立行使的"超越",从而具备"自我实现与自我保障的功能"①。此亦行政法上请求权体系建构的核心意旨所在。

二 请求权为中心的民事权利体系建构

请求权概念的"提出"或者说"发现",对大陆法系民法的发展影响深远。在请求权的概念提出后,人们得以将罗马法中的"诉"多重拆分,并层次化链接。②《德国民法典》最早采用"请求权"的概念进行体系构造,这与时间相距较近的《法国民法典》中对罗马法的诉讼中心架构的沿袭大为不同。③《德国民法典》总则第194条第1款"要求他人为或不为一定行为的权利",即源于前述温德沙伊德对请求权的阐述和论证。④

《德国民法典》不仅吸纳了请求权的概念,还将请求权概念演绎而来的请求权体系编织于法典中,实际上已经实现了请求权体系建构的初步探索。例如该法第819条、第847条、第863条、第870条、第883条中对各篇具体请求权的规定,意味着作为私权的保护手段的请求权,可以基于债权关系、物权关系、亲属关系或继承关系而产生。不仅如此,《德国民法典》关于请求权的细致和详尽规范,在"私权保护制度史上",亦具有"里程碑"式的意义。

受德国民法影响,大陆法系国家多采用请求权进行民事权利体系的建构,如瑞士、日本等国。⑤ 以请求权为实体法和程序法"枢纽"的权利体系构造,形成了围绕特定利益的"原权利—救济权"式"链条"。这一

---

① 辜明安:《请求权在民事权利结构中的性质与地位》,《西南政法大学学报》2007年第5期,第12页。

② 段厚省:《民法请求权论》,人民法院出版社2006年版,第13页。

③ 在罗马法中,保护所有权的"诉"主要有要求返还所有物之诉、排除妨害之诉、基于相邻关系的诉讼、善意占有的诉讼等。法国仍然承继罗马法上"诉"作为体系核心的形式,如《法国民法典》第1382—1383条侵权之诉,《法国民事诉讼法典》第23条占有之诉等。参见王明锁:《物上请求权与物权的民法保护机制》,《中国法学》2003年第1期,第64页。

④ 王洪亮:《实体请求权与诉讼请求权之辨——从物权确认请求权谈起》,《法律科学》2009年第2期,第104页。

⑤ 参见徐国栋《民法典草案的基本结构》,载徐国栋《中国民法典起草思路论战》,中国政法大学出版社2001年版,第68页。

历史选择，不仅促进了民法典的逻辑化构造，其连接原权利和救济权的思路，在行政法上也具有重要的参考价值。

三 公私法权利、请求权理论研究的分立

《德国民法典》第 194 条"请求权"的定义，及具体请求权在《德国民法典》各编章中的体现，在权利保护制度历史上，具有里程碑式的意义；大陆法系国家民法上"请求权"为"枢纽"的权利体系构建，极大地促进了民法的法典化进程。作为民法体系构建基石的请求权"装置"，在行政法上却一直处于边缘状态。一方面因为请求权"发端"源于实体权利与程序权利的分离，概念形塑亦时刻警惕与带有公法因素的诉权、责任的界限，间接导致了"公私法基础理论研究的分道扬镳"[1]。行政法上基础公法权利、请求权的研究和发展，自成一体却未成体系，而请求权从罗马法中"诉"所包含的三种权利形式中独立出来，更加剧了这一隔阂。作为与诉权同为公法类别的权利、请求权，也不得不在研究中被区分，导致请求权体系的确立和发展多集中在公法范畴以外。[2]

另一方面，传统行政法学受德国行政法学家奥拓·迈耶的影响，长期以行政行为理论研究为主导，[3] "以权利义务为中心的法律关系理论在传统行政法学上一直备受冷落"[4]。我国也延续这一传统，以行政行为的要件构成、规范指引、监督审查为主要内容进行行政法学体系的确立。因而，行政法学首先提供的是行政公务人员的"规范指引"，与行政诉讼"权利救济"的核心意旨存在偏差，间接导致了对制度衔接、互动发展的阻力。

---

[1] 朱新力、徐风烈：《从经验回归逻辑：请求权理论在行政法中的扬弃——从最高人民法院第 69 号指导案例楔入》，《江苏行政学院学报》2017 年第 1 期，第 118 页。

[2] 法律保护请求权等均属公法性请求权，参见 [德] 格奥格·耶林内克《主观公法权利体系》，曾韬、赵天书译，中国政法大学出版社 2012 年版，第 56 页。

[3] 德国行政法学家奥拓·迈耶所著《德国行政法》，深刻影响了整整一个世纪的法律人。大陆法系行政法学的体系建构，与奥拓·迈耶沿私法方法对"行政行为"概念的抽象和发展密切关联。行政法上以行政行为为中心的建构也就此展开。参见陈新民《德国公法学基础理论》（上册），山东人民出版社 2001 年版，第 130 页。

[4] 王锴：《行政法上请求权的体系及功能研究》，《现代法学》2012 年第 5 期，第 78 页。

总的来说，请求权概念发展所致对公法要素概念的排斥，以及行政法以行政行为理论为中心的制度建构，使得公法权利的行政法救济孤立、生涩。也因此，权利救济无法获得充足的实体法供应，法官的裁判能力亦受到限缩。尽管行政法上请求权理论遭受冷遇，但其在行政法学理论体系更新、秩序行政向福利行政转向的发展进程中，确有等待发掘的重要价值。

第二节 公法权利救济与行政法理论体系的建构

我国行政法律制度体系以行政行为为中心，以构成要件、合法要件、监督救济等为主要内容，侧重对行政公务人员进行规范指引，公法权利保障只是作为副产品得到体现。在权利救济得不到充足的实体法供应的背景下，法官的裁判能力受到极大束缚。同时，行政行为理论在对时间维度的把握、权利的关照及多边法律关系的覆盖等方面也明显乏力。自诞生之初，行政行为理论便注重"防御侵害"和行为规范，[1] 随着时代的发展和变迁，行政法教义学与行政法任务、公法权利救济的关系越发紧张。

一 行政行为理论中心的发展和缺陷

我国行政行为理论中心的制度建构中，权利保障和司法裁判能力受到限制。在生存照顾、风险规制及多边关系等问题上，也显示出了单一行政行为理论应对的模式僵化。行政法上请求权的关联构造模式研究，将有助于补足基础理论研究的空缺，保障公法权利的救济，及促进宪法、行政法与行政诉讼法的互动。

行政行为的概念创设之初，也同其他概念理论一样持续遭受质疑，并且有增无减。随着行政任务的更新和变迁，行政行为理论与现实之间的关系也越发紧张。[2] 赵宏教授认为行政行为理论具备逻辑完整、制度严

---

[1] Wolfgang Meyer-Hesemann, "Die Paradigmatische Bedeutung Otto Mayers fuer die Entwicklung der deutschen Verwaltungsrechtswissenschaft", *Rechtstheorie*, Vol. 13, No. 4, 1982, S. 497.

[2] Wolfgang Hoffmann-Riem, "Reform des allgemeinen Verwaltungsrechts als Aufgabe — Ansätze am Beispiel des Umweltschutzes", *Archiv des öffentlichen Rechts*, Vol. 115, No. 3, 1990, S. 400ff.

密的"型式化"优势,但也体现出严重的功能性局限,如缺乏对时间维度的把握、对相对人的关照和对多边法律关系的覆盖,[1] 并且"以行政行为为基础的封闭范畴"[2],严重挤压了其他理论的生存和发展空间,忽视了多样化的行政类型,从根本上说,即是缺乏体系的"整体均衡和内部完整"[3]。并且近来,以行政行为为中心的行政法学基础理论在人权保障方面也饱受批评。传统行政法学以行政行为为核心的体系构建,侧重作为行政行为合法性审查的工具,而非保障人权。[4] 王本存教授曾质疑,"公法权利"作为"贯穿行政诉讼始终的关键"却没有发展出相关教义学,如何"将行政法与行政诉讼法统一起来"[5]?

其实行政行为理论并非开始就占据主导地位,耶林内克、巴霍夫即是行政法律关系论的坚定支持者。行政法上的核心理论也存在争议,除行政行为论、行政法律关系论,还有行政活动论,及近来有影响力的法治政府论、平衡论等。我国行政法上目前单一行政行为主导的理论体系,对时代变迁背景下的规范领域和规范能力越发拘束。从《行政诉讼法》原告资格"利害关系"标准的多次修订,到最高人民法院司法解释相邻权人、竞争权人受案范围的"无奈"列举,再到最高人民法院指导案例援引"实质影响""主观公权利""保护规范理论"的不断尝试,都隐约透出行政行为理论面对新兴领域只能等待粗犷、分散立法的尴尬。

尹田教授在论及民法之博大精深时曾言:"似乎常常表现为不同的学者对同一事物存在数种乃至数十种不同的'主义'或者'说',而人们对于这些被认为相互对立的学说所进行的经久不衰的研究成为民法理论研

---

[1] 参见赵宏《法律关系取代行政行为的可能与困局》,《法学家》2015年第3期,第35页。

[2] Peter Krause, *Rechtsformen des Verwaltungshandelns*, Karlsruhe: C. F. Mueller, 1974, S. 115.

[3] Eberhard Schmidt-Assmann, "Lehre von den Rechtsformen des Verwaltungshandelns", in: ders, *Aufgaben und Perspektivenverwaltungsrechtlicher Forschung*, Tuebingen: Mohr Siebeck, 2006, S. 311.

[4] 南博方教授曾批评:"所谓行政行为论,与司法审查无关,是作为规范行政和国民的关系的法则而构成的理论。"[日]南博方:《行政法》(第6版),杨建顺译,中国人民大学出版社2009年版,第37页。

[5] 王本存:《论行政法上的公法权利》,《现代法学》2015年第3期,第58页。

究最富有科学气息的表征之一。"① 行政法上基础理论同样需要保持多样性和开放性,因此,在发挥既有行政行为理论"制度优势"的基础上,建构公法权利、请求权的体系,明确请求权在具体关联领域的规范框架,实属必要。

二 公法权利理论援引的生疏和僵化

2017 年最高人民法院在"刘广明案"再审裁定中,② 首次援引"公法权利""保护规范理论"解释受案"利害关系"的基准。③ 该案中,《旅游项目备案通知》是否对土地权利人产生"影响"备受争议,复议、一审驳回,二审维持原判。

从公法权利、保护规范理论的司法适用来看,实务界对德国法上发展起来的权利救济理论的移植,在我国还有很大的不适应性。在"刘广明案"之后,司法裁判中对这一理论的适用逐渐严苛,甚至逐渐销声匿迹。后续司法实践中,各级地方法院对涉及"相邻权""土地承包权"案件的否定性解释,造成了保护规范理论的不当适用和严苛适用,使该理论的解释力逐渐坍塌,也使该理论担负了限缩原告资格的不当指责和批评。

实际上,我国行政诉讼原告资格认定的理论和制度几经变革。从最早适用《民事诉讼法》的"直接利害关系"标准,④ 到 1989 年《行政诉讼法》制定后的"行政相对人"标准,⑤ 再到 1999 年《最高法关于执行〈行政诉讼法〉若干问题的解释》中的"法律上利害关系"标准,以及

---

① 尹田:《物权法理论评析与思考》,中国人民大学出版社 2004 年版,第 33 页。
② 最高人民法院(2017)最高法行申字第 169 号行政裁定书。
③ 德国保护规范理论,以行政行为作出依据是否提出、尊重和保护个人法律上的利益,作为公法权利判定基准,简言之,行政法规范要至少兼具"个人利益保护指向"。参见赵宏《原告资格从"不利影响"到"主观公权利"的转向与影响——刘广明诉张家港市人民政府行政复议案评析》,《交大法学》2019 年第 2 期,第 180 页。
④ 1980 年《中外合资经营企业所得税法》第 15 条,1982 年《民事诉讼法(试行)》第 3 条第 2 款,以及同时期《最高人民法院公报》的相关判例可为佐证。
⑤ 1989 年《行政诉讼法》第 2 条和第 41 条规定了"相对人"的原告资格,但受第 41 条"原告是认为具体行政行为侵犯其合法权益的公民、法人或者其他组织"的主观判断和先前适用《民事诉讼法》进行资格判定的影响,彼时原告资格范围仍相当有限。

2014 年《行政诉讼法》修订后的"利害关系"标准,① 行政诉讼原告资格的判定标准不断在进行修正和更新。尽管如此,制度实践依旧在探寻新的标准和方案。如"王明德诉乐山市人力资源和社会保障局工伤认定案"的"实质影响"标准,②"罗镕荣诉吉安市物价局物价行政处理案"的"自身合法利益"标准,③"孙德旭诉烟台市国土资源局牟平分局土地补偿协议案"的"与行政相对人关联"标准等。④

从此前的"实质影响"等标准到刘广明案的公法权利"保护规范理论"援用,我国行政诉讼原告资格的判定理论和实践已经逐渐趋向成熟,但是"保护规范理论"的后续严苛适用,已经证明这远非"审判清晰框架和稳定步骤"的终点。对《行政诉讼法》以及司法解释中符合受案标准的正向、反向列举仍在继续,面对公法权利救济需求的激增,注定表现出资格判定的僵化和权利保护的滞后。因此,至少在新兴或具体行政关联领域,行政法上的基础理论,从理论研究到实践应用,已经进入不断反思和尝试的新阶段。

三 公法权利理论的发展与危机

从公法权利理论的发展和我国行政法理论体系的反思角度观察,更能反映我国行政法基础理论储备的薄弱和单一,已有请求权体系与公法的不兼容性也随之显现。

---

① 2014 年《行政诉讼法》采用概括、正向列举和反向列举的混合式判定,分别对应该法第 12 条"人民法院受理公民、法人或者其他组织提起的下列诉讼",第 13 条"人民法院不受理公民、法人或者其他组织对下列事项提起的诉讼",以及第 25 条"行政行为的相对人以及其他与行政行为有利害关系的公民、法人或者其他组织,有权提起诉讼"。

② 参见最高人民法院指导案例(2016)第 69 号,"认定工伤中止通知"属程序性行为,是否对权利义务产生实质影响依赖法官经验和价值判断,导致其只有极端情况下才有清晰的辨识度,因而可能会使得裁判结果有失公正。

③ 参见最高人民法院指导案例(2016)第 77 号,当事人要求吉安市物价局"依法查处并没收所有电信用户首次办理手机卡被收取的卡费",法院要求当事人提供办理发票以证明自身利益受损。

④ 根据学者统计,行政协议诉讼原告资格一般仅限签订协议的一方当事人,在该样本内非协议当事人原告资格的否定率达 73%。此外,如集体成员型原告、承租人型原告、无基础纠纷的抵押权人型原告、共有人型原告等均应予认可。

我们今天对公法权利的概念并不陌生，然而《公法权利体系》出版之时，奥拓·迈耶的行政行为理论体系占据主导，[①] 公民的公法权利证成都是棘手的问题，更不用说公法权利的体系建构了。自1852年最早关于公法权利理论的研究《公权论》出版，至20世纪中期，德国的公法权利理论基本成型，多位公法学者对此做出了重要贡献。耶林内克作为德国公法权利理论的重要奠基人之一，其1892年出版的《主观公法权利体系》一书中对基于"公民地位关系"的公法权利理论进行了阐述；[②] 同时代的比勒首次明确阐释公法权利成立三要件：强行性法规、具有私益保护目的和援用可能性；巴霍夫针对比勒的三要件提出了一些修正的意见，使得德国公法权利理论最终定型。[③] 成立要件的放宽，导致公法权利理论某种意义上与保护规范理论难以区分。巴霍夫的公法权利理论，对德国"公权理论的发展与司法审判实务"影响深远。[④]

然而，公法权利理论正在面临前所未有的危机，这与其封闭的法规范解释和严格的逻辑推理方法不无关系，间接导致公民的自由空间被压缩，亦难以有效应对复杂多样的社会利益冲突。对法规范的依赖，意味着对立法者意志的依赖，重蹈"权利列举主义"的覆辙。此外，行政行为实体法规范之外的其他相关规范、宪法基本权利价值等，基本被排除在考量之外。这一权利识别的深层阻力导致了法律的解释适用与社会现实需要之间的断层。

德国《基本法》的制定和基本权利研究的成熟，使得德国公法学尝

[①] 即使在奥拓·迈耶的行政法体系中，公法权利也是必不可少的概念范畴，如注意到存在那种公民可以自由行使的征收补偿请求权。参见［德］奥托·迈耶《德国行政法》，刘飞译，法律出版社2002年版，第109—118页。

[②] 法律地位揭示公法请求权的基础和目的；个人相对于国家的消极地位对应自由权，积极地位对应受益权，主动地位对应参政权，而被动地位与公民义务相关联。

[③] 首先，强行性法规要件不再为必要；其次，有疑义推定具有私益保护性，放宽了法规对是否具有个人利益保护目的的判断；最后，关于援用的可能性，因德国《基本法》第19条第4项"任何人权利受到公权力侵害时均有权诉请法院救济的权利"，诉权不再成为个人公法权利救济的限制性因素，因而不再需要进行诉权是否存在的判断，而是根据是否具有实体法上的规范依据进行判别。

[④] 鲁鹏宇：《德国公权理论评介》，《法制与社会发展》2010年第5期，第40页。

试用一般的自由权来抵消"保护规范说"的不足,① 行为保护规范的目的不再被严格追究。因此,公法权利上的保护规范理论,只能转向涉及第三人的行政活动中的原告资格的判断问题上,但后者情形复杂、难以预期,恐导致行政机关"应接不暇"。如果上述难题不能有效消解,保护规范理论能否胜任新时期公法权利救济的现实需要,则存在相当疑问。

四 请求权为契机的行政法理论体系建构

我国行政法上单一行政行为理论中心的僵化和闭塞,公法权利理论的生疏援引及理论自身的局限、解释适用危机,行政法律关系理论的忽视和百废待兴,以及行政法上请求权关联构造的"枢纽"功能,正可揭示行政法学理论的体系化建构的机遇和路径。

不可否认,行政行为理论制度已经抵达概念、逻辑、体系清晰自洽的较成熟阶段,相比之下,行政法请求权理论和体系依旧比较单薄,制度模式上也需要拓展。② 在环境法、能源法和建筑法等新兴行政领域,行政行为理论可与行政法律关系理论(权利与义务)衔接,将后者作为一种多边或者复杂关系中的利益交错、权衡分析的框架,对传统行政行为进行灵活化处理而非取而代之,不失为一种更优化的理论多元互助策略。行政法返还请求权,在与财产有关的行政税费、协议、补贴、给付等具体关联领域的功能展现,正是这一命题实现的价值的最好佐证。

而有趣的是,行政法律关系与公法权利是内容构造的一体两面,法律关系的释义即围绕"基于特定法律规范所形成的权利义务关系"③,在行政法上,这一关系具体表现为主体所享有的公法权利及其对应义务。④

---

① 参见 [德] 弗里德赫尔穆·胡芬《行政诉讼法》(第5版),莫光华译,刘飞校,法律出版社 2003 年版,第 244—245 页。
② 例如从税收、社会保障、行政许可等领域进行法律关系的转化和链接。参见 Eberhard Schmidt-Assmann, "Lehre von den Rechtsformen des Verwaltungshandelns", in: ders, *Aufgaben und Perspektivenverwaltungsrechtlicher Forschung*, Tuebingen: Mohr Siebeck, 2006, S. 119。
③ 赵宏:《法律关系取代行政行为的可能与困局》,《法学家》2015 年第 3 期,第 42 页。
④ 行政法律关系可能是公法权利的结果,也可能是公法权利的前提条件。例如,国家与公民之间的一般关系虽然受到法律调整,但在没有必要具体化之前不存在法律关系,如建设不动产,只有在公民申请发放特定不动产的建设许可时,法律关系才产生。

黑贝勒预言行政法律关系将会超越现有理论，成为新的"阿基米德支点"①。从具体行政活动出发，对多边关系中的相对人和第三人进行整体和平等关照，确可将孤立的权利义务、权限职责等连接为一个整体，从而使行政法上的关系调整和规范进入效果导向的动态过程，尤其是阶段性行政行为和多种利益的冲突，都可以得到细致呈现。

回到公法权利理论的发展、危机和新方向，我们又恰可寻得其与行政法理论体系更新愿景的高度重合。随着基本权利体系和影响的扩大，保护规范理论与行政法任务、权利救济关系的紧张，公法权利理论的发展出现两个不同的分支。其一正是哈特穆特·鲍尔等学者从"公法权利""水平垂直冲突转化"对行政法律关系理论的重塑，②主张摆脱保护规范理论，以具体法律关系下的公法权利作为新的理论基点，通过具体行政领域的规范框架进行整体性和多边性的把握。作为公法权利功能实现的"请求权"本身，既依赖行政法律关系的解释框架，又需要具体行政关联领域提供的规则适用指引，前者如行政法返还请求权构成要件之一——"基于行政法律关系受利益"的界定，后者如税费返还、协议返还和授益返还等不同行政返还实践所表现出的不同问题面向。

因此，处于理论边缘的行政法上的请求权体系，反而可以作为"基点"联动行政行为、行政法律关系及公法权利等行政法基础理论。只是本书将不选择宏观理论叙事，而是尝试从具体返还请求权入手，结合行政法上的请求权映射的特殊性、公法权利公民地位关系基础上的类型特征以及不同行政关联领域的返还实践差异，进行行政法基础理论的多维度检视，并以此展现行政法上请求权体系建构的具体问题和路径。

---

① 他认为行政法律关系理论的优越性表现在：法政策角度的行政引导、行政实践的框架性指导和司法上的新解释基准等。参见 Peter Haeberle, "Das Verwaltungsrechtsverhaeltnis-eine Problemskizze", in: ders., *Die Verfassung des Pluralismus.* Koenigstein/Ts: Athenaeum, 1980, S. 265。

② ［日］人見剛：《ドイツ行政法学における法関係論の展開と現状》，东京都立大学法学会雄誌1991年第32卷10号，第121页。

第三节　行政法上请求权发展的体系反思

实体权利意义上的请求权概念"发现"具有重要价值。一方面，使得权利得以脱离诉权中心主义的束缚，并可在诉权之外通过私人间请求实现。权利人的抽象权利演化为具体当事人、具体内容的实体权利形态。另一方面，请求权所发挥的"枢纽"作用，将民法"纷乱"抽象的格局链接为层次清晰、易于适用的法律体系。而行政法受"行政行为理论"影响走向了以行政行为中心的制度建构。随着秩序行政向给付行政、福利行政的转变，传统理论制度与行政法任务需求的关系不断紧张，德国学者将之描述为"理论危机"和"即将到来的重大转折"。我国行政法上的基础理论和权利救济同样面临严峻考验。

一　公法权利与请求权的研究补足及其意义

初创时期的行政行为理论，以"警察法为模板"，注重"防御侵害"和行为规范；[1] 随着时代的发展和变迁，生存照顾、风险规制，以及环境法、建筑法、科技法等多领域的规制需求的拓展，行政法教义学与行政法任务、公法权利救济的紧张关系越发凸显。以我国《行政诉讼法》上原告资格判定为例，《行政诉讼法》多次修改案件受理标准，最高人民法院在司法裁判中援引的判定理论也在不断更新，公法权利"保护规范理论"刚踏入行政审判实践，就已经背负限缩原告资格的不当批评，行政法上的基础理论和制度体系，已经到了不得不反思的地步。

一方面，公法权利、请求权等基础理论的发展，既可消融单一理论主导的隔阂，又能扩充行政法解释技术和教义学体系；另一方面，公法权利也可以不断为以行政行为为中心的行政法学体系注入新内容，促进行政行为合法性审查的多元考量。但不得不反思的是，公法权利、请求权理论究竟如何定位，是替代、修正，还是作为行政行为理论的补充呢？

---

[1] Wolfgang Meyer-Hesemann, "Die Paradigmatische Bedeutung Otto Mayers fuer die Entwicklung der deutschen Verwaltungsrechtswissenschaft", *Rechtstheorie*, Vol. 13, No. 4, 1982, S. 497.

这一问题和争议的解决，对请求权理论研究和实践探索至关重要。因此，本书将以行政法上请求权的关联构造为面向，以请求权体系的公私法差异为出发点，对行政法上请求权体系的短板逐一分析。并以此为基础，以返还请求权的属性揭示为线索，对公法权利体系和请求权的关联构造、类型指引、规范适用等，进行理论走向实践的深度研究和探索。

二 行政法上公法权利与请求权的映射关系

传统民法上基础权利与请求权多表现为唯一映射关系，行政法上对原权型和救济型请求权的分类借鉴，却遭遇难以走向实践的空洞化难题。行政法上多数权利义务暂无法律明示，需要多从行政法律规范的外部寻找正当化依据，这也是英美法系国家"经验模式"流行及具有影响力的原因。民法上请求权和基础权利的逐一对应性和民事法律规范依据的明确性，请求权多重对应的必要性不强。目前行政法上的请求权体系建构，仍旧沿袭传统逐一对应模式，面临脱离实体规范支撑的风险。行政法上公法权利、请求权制度的空缺，也为公法权利救济、请求权关联构造模式的研究，留下了构造精致逻辑的可能。

三 行政法返还请求权关联构造的探索

德国早在20世纪中后期，就开始以民法上不当得利制度为框架，发展公法上返还请求权理论和制度。日本受德国学说影响，公法返还请求权在相关判例中有较多体现。我国因为相关理论制度的缺失引发了一系列问题，如司法实践中仍将行政法上的返还请求作为民事案件审理、行政裁判缺少规范依据、行政诉讼和判决类型僵化等。因此，本书将从公法权利救济和公私法规范衔接适用的角度，尝试对行政法返还请求权进行实体性和程序性规范框架的建构，确认法律保留原则下行政行为返还的特殊性质，扩大《行政诉讼法》第2条规定的起诉主体，拓展我国行政诉讼类型与判决类型，以及通过行政公益诉讼弥补公共利益救济的不足等。行政法返还请求权的属性揭示，则围绕平等性和公法优位、双边性和制度互动、共用性和多重映射、独立性和关联地位等展开。

四 国家主观公法权利的价值重拾

公法权利多被用以指称公民相对国家的法律地位，但在理论最初创设时，却是"整体的公法权利"，包含国家的主观公权利。在概念学理演进的过程中，国家主观公权利逐渐被边缘化。基于历史发展和现实需要重新发掘，不仅可以挽救主观公权利理论的危机，还可契合国家与个人"法律上关系"而非"权力上关系"的现代法治理念。公民单独享有公法权利不似共识式稳固，在主观公权利理论提出和发展的早期，耶林内克、布勒和托马等多位学者，都确认且相信"国家主观公权利"的存在。国家主观公权利的重新探求，可以使公法权利、请求权的思考，从一般权力关系转向一般的法律关系。在这一关系之下，主体享有的不再表现为孤立的单项权利或义务，也并非统治与被统治，而是建立在国家、公民法律人格基础上的相互关联的权利义务。

五 行政法返还请求权的公私法适用衔接

民法请求权基础分析可以涵括整个民法规范体系，行政法上也有类似踪迹可循，如《行政处罚法》第31条和第32条"有权进行陈述和申辩"的规定。行政法上给付请求权部分可在法律法规、行政合同或允诺中找到依据，而恢复基础权利不受侵害或限制的返还请求权却并不一定能在行政法规范、行政协议、行政承诺、行政确认中找到基础。在行政法上请求权暂无具体规范依据时，是否可以衔接适用民法上请求权的近似规定呢？理论上有肯定说（法律价值的一致性）、否定说（行政法上依法行政原则和信赖保护原则的独立价值判断）和有限适用说（在特定的条件和限度内类推适用民法）三种。根据前述请求权的属性揭示，在行政法暂无规定时，一般不禁止民法相关规范的类推适用。

新《民法典》公布之前，我国民法上不当得利只有一条规定和一项司法解释，司法裁判面对利益不存在、第三人的返还义务时，多直言"暂无规定""不宜扩大"等草草作罢。《民法典》不当得利专章四个条文，不仅扩展了私法上请求权的规范分析基础，对行政法返还请求权的关联构造而言，也有非常重要的价值。在此之前，行政法上研究无奈也无法从私法原则、规范分析中获得衔接适用的"补给",如遇受利益、无法律原因要件之外更复杂的情形,审判的公平性和一致性较难获得保障。例如,授益行政的撤销或废止,往往因行政机关的不当作为而导致,或者与受益人使用欺诈、贿赂等不正当手段获得相关,抑或只是单纯的信赖保护利益与公共利益冲突,但行政法上规范基础、衔接机制、法理分析的匮乏,极易使裁判者陷入左右为难的境地。如何在请求权关联构造的基础上,建构行政关联领域特殊规范的过滤和考量机制,衔接适用民法上的一般性原则和具体规范,并不是简单的"拿来主义",值得深入辨析和仔细辨明。

第三章

行政法返还请求权的属性、要件及类型

以行政法返还请求权为线索的属性揭示，可以为行政法上请求权的体系建构提供区别于传统"高权行政""权利义务唯一对应"的不同思路，也可作为请求权关联构造的救济进路、制度互动和类型划分等论证的核心依据。同时，行政法返还请求权仍有构成要件精细化重塑，以及基于公法权利"公民地位关系"类型重新划分的必要。

第一节 行政法返还请求权的问题展现

随着行政返还实践激增，返还的统一性和规范性问题凸显。行政主体或直接命令返还，或只能提起民事诉讼寻求救济，而民事审判的权限和程序问题，更进一步加剧了行政返还的争议和冲突。这些行政实践中的问题的展现，将有助于我们从实体和程序法规范的角度，综合确立具体关联领域的衡量和过滤机制。

案例1：西华县政府、河南瑞阳化纤公司案

该案行政一审判决"解除双方签订协议书"，并将瑞阳化纤先期支付的600万元"拆迁款"认定为"借款"返还。同时，西华县政府垫付工程款和工资款的返还请求，行政一审以"可通过民事诉讼予以解决"未予裁判；① 二审言明"返还请求不予支持"②，被最高人民法院再审以"应当通过民事诉讼解决"指正。③ 但民事一审、二审均以"协议"不属于"民事诉讼范围"④"管辖异议不成立"⑤ 数次驳回。

本属于行政法上财产型的公法权利救济问题，实践中或不予裁判，或推向民事诉讼，而民事诉讼同以"审判权限制"为由驳回。从宪法财产权和行政法上财产秩序的维护角度考察，行政法上裁判囿于规范依据欠缺，民事诉讼审判遭遇权力限制，互不可及，最终不得不面对公法权利保障"真空"的信任危机。

案例2：马某诉临洮县政府行政赔偿案

该案民事一审以"不当得利"判决马某返还19.6万元由"村民会议决定""归集体所有"的荒地补偿款，⑥ 马某不服，却因民事行政区隔不能提起上诉，只得另行提起针对"确认征地行为违法"的行政诉讼。⑦ 遗憾的是，经过漫长民事审判和执行程序，至提起行政诉讼之时，已超过2年时效，⑧ 行政一审、二审和再审申请也均以此为由，裁定驳回。⑨

我国行政诉讼主体"两造恒定"，行政法上的返还请求选择民事诉讼加以救济，与之不无关系。但作为民事案件，适用私法规范进行裁判，难以保障对公法价值、信赖利益的充分考量。"另行提起行政诉讼"的程序负累，也导致了本案法定诉讼时效的经过。基于返还实践中行政与民事审判制度的隔阂，至少应当考虑制度体系上的缺陷，给予个案时效时

---

① 参见商丘市中级人民法院（2017）豫14行初239号行政判决书。
② 参见河南省高级人民法院（2017）豫行终2590号行政判决书。
③ 参见最高人民法院（2018）最高法行申2201号行政裁定书。
④ 参见西华县人民法院（2017）豫1622民初3618号民事裁定书。
⑤ 参见周口市中级人民法院（2018）豫16民辖终30号民事裁定书。
⑥ 参见甘肃省临洮县人民法院（2013）临中民初字第6号民事判决书。
⑦ 参见甘肃省天水市中级人民法院（2015）天行初字第29号裁定书。
⑧ 2000年施行的《最高人民法院关于执行〈行政诉讼法〉若干问题的解释》第41条规定，未告知起诉期限，时效"最长不得超过二年"；2018年《最高人民法院关于适用〈行政诉讼法〉的解释》第64条将之修改为"最长不得超过一年"。
⑨ 参见甘肃省高级人民法院（2016）甘行赔终1号行政裁定书；最高人民法院（2017）最高法行赔申18号行政赔偿裁定书。

点特殊考量。①

上述两个案例，仅是行政法返还请求权辨识缺乏、指引不明、规则混沌所致"返还困惑"的"冰山一角"。理论与制度体系的缺位，权利中心的思考和救济路径的缺失，使"返还困惑"在审判实践中具有多层面体现。

一　行政审判缺少受案依据和裁判基础

受限于行政诉讼"两造恒定"，行政主体无法提起行政诉讼寻求返还救济。如德阳市罗江区政府与香港清华同方协议纠纷一案，② 罗江区人民政府开工时支付对方3000万元项目扶持资金，其后香港清华同方未按协议约定完工建设，遂以"行政协议"为基础提起行政诉讼，但法院受《行政诉讼法》第12条第1款第11项"被告限定为行政机关"的限制，裁定"不予立案"。

此外，对于多数已作为行政法上争议受理的案件，却往往因行政法返还请求权的规范、依据缺乏，而极大地束缚了法官的裁判能力。或如"携程家电商场代办家电下乡补贴一案"中，③ 对存在虚假申报的补贴返还请求，以"非行政审判权限范围，本院不予评判"草草结尾；或如"应龙标与三门县人民政府一案"中，④ 尽管已对双方签订补偿协议进行无效认定，"已取得的补偿安置费用属不当得利"，但顾虑"不当得利"是否可为裁判内容，而以"可另行处理"的技术性措辞回避。

二　民事审判面临意愿和权限的双重阻力

在前西华县政府、河南瑞阳化纤公司一案中，对西华县政府提出垫

---

① 如"姬长友行政补偿案"中，法院认为政府未经行政裁决即实施"强制拆迁"，行为违法；案件当事人自2006年拆迁至2011年《补偿意见》作出期间，一直在"主张权利"，"不应计入起诉期限内"。该判决意义不仅在于对房屋拆迁补偿案件漫长时间跨度的时效争议的解决，更重要的是彰显行政法上价值、秩序的审慎、综合考量。参见焦作市中级人民法院（2013）焦行再二终字第2号行政判决书。
② 参见德阳市中级人民法院（2018）川06行初11号行政裁定书。
③ 参见衢州市柯城区人民法院（2016）浙0802行初203号行政判决书。
④ 参见浙江省高级人民法院（2015）浙行终字第750号行政判决书。

付工程款和工资款的返还,行政一审和最高法再审申请推向民事,民事一审、二审以"受案"为由屡次驳回,裁判意愿难谓充足。

与此相反,在"周某与遵义市小湾村林山村民组物权确认纠纷一案"中,① 争议双方对抽水系统"补偿协议"约定内容、金额各持己见,民事二审重新对"补偿协议"涉及的争议物权进行了裁判,尽管部分支持该协议所约定内容,但言明基于审判权固有边界的克制,对一审法院"确定新的补偿协议金额"和"林山组村民领取"等判决内容进行了撤销。②

即便民事诉讼判决返还,由于无法对关联行政行为的合法性作出裁判,当事人只得另行提起行政诉讼。此间所经历民事、行政程序转换的漫长时间跨度,担负诉讼时效经过的额外风险,极易引发当事人对司法裁判公正性的质疑。除前"马某诉临洮县政府行政赔偿案"诉讼时效的经过,在"临沂市蒋家寨村民委员会行政登记案"中,③ 民事二审终审判决"房屋补偿款"的返还,同样遭遇了时效危机。该案中蒋家寨村委因"承担连带返还责任"被冻结账户,其对被补偿人资格的异议,只能另行提起针对行政登记行为的行政诉讼。遗憾的是,经过民事审判程序的漫长跨度,尽管行政二审申明登记、补偿和安置的问题及争议焦点,却不得不面对"超出两年起诉期限"的强制性规定,裁定驳回。

三 行政裁判直接适用民事法律规范

随着我国《行政诉讼法》对行政协议受案范围的扩展,以及2019年11月《最高人民法院关于审理行政协议案件若干问题的规定》的通过,④ 行政协议无效或撤销后的返还争议,逐渐减少;尤其是行政抑或民事诉讼程序的选择问题,已无多争议。但目前就整体而言,我国行政法上返还实践仍旧处于制度未立、体系暂缺的尴尬境地。公法权利的请求权关联救济进路,可以为较好地应对此类实践冲突提供基础和保障。

---

① 参见遵义市中级人民法院(2019)黔03民终618号民事判决书。
② 参见遵义市播州区人民法院(2018)黔0321民初5940号民事判决书。
③ 参见临沂市中级人民法院(2014)临行终字第158号行政裁定书。
④ 以下简称"2019年'行政协议司法解释'"。

以"陈某与崇川住建局行政协议及行政赔偿案"为例,[①] 由于"拆迁补偿协议"涉及租赁关系人的"添附"(冷库、厂房),但被补偿的一方仅为"证载土地使用权人"。法院根据《合同法》第 51 条,"无处分权的人处分他人财产,经权利人追认或者无处分权的人订立合同后取得处分权的,该合同有效",明确补偿协议涉及租赁关系人的"添附"部分,除非得到权利人的追认,否则无效;以及根据《合同法》第 58 条,重申"合同无效或撤销"取得的财产,"应当予以返还"。尽管该案行政一审适用《合同法》裁判,二审予以维持,但也谨慎地指出补偿协议区别于民事合同的"行政管理特性",以及"不能简单地适用合同法"有关规定,而应建立起行政法规范体系的迫切期望。

总体而言,行政、民事诉讼程序兜兜转转,无非是行政法上权利救济体系欠缺、规范基础薄弱的实践反馈,其消耗的不仅是国家或个人的资源、时间,更重要的是,将会不断地侵蚀行政和司法系统的权威性和公信力。行政诉讼与民事诉讼在程序选择问题上的隔阂加深和规则误用,尽管是公法权利行政法救济生疏的直观体现,但我们所需要面对和解决的疑虑远不止如此。

第二节 行政法返还请求权的属性揭示

行政法上的请求权既有请求权的一般特性,也有公法优位、多重映射的特殊属性,这种共性与特性恰好可以为我们揭示请求权关联构造的路径提供基础。

一 平等性与公法优位

尽管行政主体在行政活动中多处于主导地位,但在诉讼程序中,行政机关和公民原则上是地位平等的诉讼参加人。域内外《行政程序法》的制定也是为了塑造双方主体间的平等地位,这也正是行政法请求权体系建构的旨意和价值体现。

[①] 参见南通市中级人民法院(2018)苏 06 行终 298 号行政判决书。

谢晖教授指出，公法主要是对非平权主体之间的监督管理关系和给付关系进行调节，而私法则主要是调整平权主体之间的关系。① 行政法返还请求权作为与民法不当得利请求权的平行制度，兼具有公法和私法调整的特性，一方面作为公法上的债之关系，双方法律地位的平等性不可否认，另一方面在返还请求权的成立和实现过程中，如行政协议无效或解除、行政行为被撤销或废止等，行政主体又具有一定程度的优益权或主导权。

如何安排不同请求权主体的价值诉求，就成为制度中冲突利益调和策略的关键。在私法上，平权关系是基础，将所有主体置于物和利益的创造过程中同等考察，也使得非平权关系的产生具有了可能。② 与此对应，平等性与经济基础渊源颇深，而公法优位则与政治管理、规范密切关联。对行政法上的返还请求权来说，其具有平等性和公法优位的双重体现，如果过于倾向其中一种特性，则容易导致公共利益"羸弱"或高权行政"压制"，应该保持动态化、情景化的理性均衡，才能不偏离行政法请求权体系建构的目的和"初衷"。

二 双边性与制度互动

提到公法权利和行政法请求权，我们更容易将这些概念与"公民相对于国家的法律地位"含义上的权利相联系。公民借助公法权利概念一跃成为国家的主体而非被统治的客体，③ 国家的公法权利概念反而逐渐淡出视野。④ 这一仅公民享有权利的概念共识，并非我们想象的那样稳固。公法权利理论最初创设时，即是"整体的公法权利"，包含国家的主观公权。在随后理论发展和形塑过程中，耶林内克、布勒和魏玛时代的托马等做出重要贡献的大师，都确认且相信"国家主观公法权利"的存在。

---

① 参见谢晖《私法基础与公法优位》，《法学》1995年第8期，第31页。
② "平权关系既是非平权关系的基础，又是非平权关系的目的。"参见谢晖《私法基础与公法优位》，《法学》1995年第8期，第32页。
③ Erichsen/Martens, in: dies, *Allgemeines Verwaltungsrecht*, 7. Aufl. 1986, S. 150ff.
④ 受基本权利的建构、权利救济的发展、公法私法的区分，及实证主义法学方法的运用等因素影响，国家和公民双向的"权利义务"逐渐被公民单向享有公法权利的形式所替代。

伴随着概念学理演进，国家主观公权逐渐被边缘化。基于历史发展和现实需要重新发掘国家的公法权利，不仅可以挽救公法权利理论的危机，也是发展国家与个人法律上关系而非权力上关系的实践基础。

国内学者在公法上的不当得利之债论述中，以主体间请求方向的差异为基础，进行类型划分，其中就包括国家或其他行政主体向相对人的请求权。[①] 尽管国家的请求权概念对我们来说已略微陌生，但公法上的权利或请求权并非仅限公民一方享有也是既定事实，[②] 只是理论研究并未将国家的公法权利概念置于同等高度。仔细甄别，不难发现国家的请求权在一些"特别行政法领域"，如税收法律关系、补贴法律关系、行政程序法律关系及建筑法法律关系中广泛存在。[③]

如果说耶林内克论述的参政权，如国家公务所产生的请求权、公法上国体之代表者与管理的请求权等，已经有些"过时"；哈特穆特·鲍尔教授主张重新挖掘国家的主观公法权利，则是基于对行政需求转向的现实考量。虽然国家的"税收请求权""刑罚请求权"随时代变迁、用语更迭，已从法教义学中消失，但国家对个人的补偿请求权，基于学校行政关系上的损害赔偿请求权、法律制定上的创设权利，及国家在公法合同上的权利，却都是实在法的组成部分。[④]

不管是从域内域外的理论和实践观察，还是从公法权利抑或请求权的主体辨别，行政法请求权的双边性无可争议。[⑤] 因而，从行政法上的返还请求权出发，对请求权进行双向、互动的考察和属性揭示，不仅是支撑请求权关联构造的核心内容，也是建构负担行政领域"国家的请求权"的重要基础。

[①] 如相对人向国家或其他行政主体请求、国家或其他行政主体向相对人请求等。参见汪厚冬《公法上不当得利研究》，《北方法学》2012年第2期，第51—54页。

[②] 如行政法上的返还请求权，不仅为行政主体所享有，也为相对人所享有。

[③] K. Tipke, *Steuerrecht*, 10. Aufl. Köln, 1985, S. 123f.

[④] 参见[德]哈特穆特·鲍尔《国家的主观公权利——针对主观公权利的探讨》，赵宏译，《财经法学》2018年第1期，第14页。

[⑤] "法律关系的核心构成是参与者双边的、互动的权利与义务"，参见Peter Haeberle, "Das Verwaltungsrechtsverhaeltnis-eine Problem skizze", in: ders., *Die Verfassung des Pluralismus*, Koenigstein/Ts: Athenaeum, 1980, S. 428ff.

三　共用性与多重映射

民法上请求权与基础权利的一一对应性和民事法律规范依据的明确性，使得"权利—义务"的推导和论证依旧精致。行政法上公法权利的论证沿用民法上"义务推导权利"的方法，存在很大的局限性，一是保护规范理论要求法律规范至少具有个人利益保护目的，但是行政法义务性规范多属公共利益考量，属于与公法权利相区分的反射利益。即使保护特定私人的利益，也不一定授予受益人"意志力"，可能义务单方归属于行政主体。除了少数主观公法权利得到法律明示外，多数需要从行政法律规范的外部寻找正当化依据。这也是英美经验模式流行和存在影响力的原因。二是这一推导过程"依赖法官续造"，重新陷入价值判断，[①]对行政法上请求权的体系确立和关联构造而言，阻力重重，无法发挥行政法上请求权体系构造的应有功能。如果行政法上的公法权利也依"逐一对应"推导，则存在行政法规范支撑空洞化的难题，但是空缺的公法权利和请求权制度，也为衍生公法权利和共享请求权理论实践，留下回归精致逻辑构造的可能。[②]

在具体行政领域内发生的债之关系，如不当得利，既可以从受利益、无法律上原因的财产秩序恢复角度，与行政法返还请求权相映射；也可以从民法上不当得利的债权行使，向行政法领域的返还请求权映射。[③] 也就是说，即使我们绕回保护规范理论证立具体公法权利、请求权，也无须坚守对行政法律规范的单向依赖；放宽到法律体系内既有的其他已识

[①] Robert Alexy, *A Theory of Constitutional Rights*, Oxford: Oxford University Press, 2002, p. 114.

[②] "值得法律保护的利益"，"具有高度的开放性"，需要外部价值判断或其他规范证明，这些个人权益保护，可能不指向行政主体，也可能不是公法权利。参见朱新力、徐风烈《从经验回归逻辑：请求权理论在行政法中的扬弃——从最高人民法院第69号指导案例楔入》，《江苏行政学院学报》2017年第1期，第121页。

[③] 王本存教授认为，"公法权利与私法权利区分的意义是有限的"，例如私法上的债权，"由平等主体之间的面向，转向面对不平等的国家权力时，私法权利便可对行政机关产生拘束力"，私法权利也就转化为行政法上的公权利。参见王本存《论行政法上的公法权利》，《现代法学》2015年第3期，第64页。

别权利,甚至是私法上的权利以获得支持,非常有必要。因此,理论上,我们可以通过请求权本身的共用性和其所关联基础公法权利的一致性,尽可能消除对行政法上义务性规范的依赖。使得行政法上未予识别、受到侵害,但与已识别权利存在衍生关系的公法权利、请求权得到保护。

此外,行政法请求权的多重映射不仅限于返还请求权,给付请求权与公民的受益权对应,撤销请求权与财产权的限制或干涉关联,在某些情况下,两者也可以"交叉对应"另一基础公法权利。[①] 如给付请求权,在行政许可中对应自由和财产权,撤销请求权对应行政给付的违法终止等。行政法请求权关联构造模式的应用范围是非常广泛的,本书以返还请求权为例的研究仅可揭示其一二。

四 独立性与关联地位

行政法返还请求权的独立性,其一,虽是作为与民法不当得利请求权平行的行政法内容,理论建构和规范适用也多参照民法,但仍具有不可否认的独立价值。近年来,行政实践中借助"私法的辅助管制"增多,[②] 公法上的协议适用私法规范裁判,也已经越来越展现出公私法交错融合的趋势,但私法规范毕竟缺少对公共利益、个人信赖利益的考量。基于公私法分隔的"理论"差异,以行政法请求权的独立价值为基点,研究公法权利救济的规范体系和制度框架,具有现实价值和意义。

其二,行政法返还请求权,基于无法律原因的财产变动要件,形成债之关系时,有债权请求权的一般特性——独立性。此处的独立性是作为依附性请求权的对立面,后者往往意味着请求权与其基础权利不可区分,民法上因物权变动而发生的请求权多属此类型。行政法学者也根据这一特性进行了"原权型"请求权和"救济型"请求权类型的划分,行政法返还请求权即属前一种类型;与之相对,作为基础公法权利救济延伸的"侵害行为排除请求权"等则属于后一种类型。

[①] 徐以祥:《行政法上请求权的理论构造》,《法学研究》2010年第6期,第33页。
[②] 钟瑞栋:《民法中的强制性规范——兼论公法与私法"接轨"的立法途径与规范配置技术》,《法律科学》2009年第2期,第71页。

同时，在行政法返还请求权具有不随主权利的产生、存在、消灭而变动的独立性之外，其与基础公法权利之间的密切关联，也是我们请求权关联构造模式论证的关键内容。在行政法上研究这一基础公法权利关联的意义，并不否定民法中基础权利线索寻找的方法，但更重要的是，我们可以通过返还请求权所对应的基础公法权利类型，如国家的请求权、国家或公民的财产权或公民的受益权等，建立起与具体行政关联领域的联系。公私法上权利救济的不同策略和衔接方法，如部分情景中信赖利益保护的优先地位等，亦是请求权独立性和关联地位探求的核心价值的体现。

第三节　统一要件：行政法律关系下的受利益、无法律上原因

一　行政法返还请求权的概念选择和释义

（一）德国法上的"公法返还请求权"

经过多个行政法判例的塑造，德国"公法返还请求权"的定位和构造才逐渐清晰。为了脱离民法制度的影响，突出制度的重要性和行政法上的独立价值，并没有沿用"不当得利"的表述，而是从无法律上原因的财产变动恢复这一关键要素出发，结合公法上的"法治国原则""依法行政原则"，在公法权利和请求权的理论和制度体系内加以明确。[①] 相比民法上不当得利"因果关系"的焦点关注，行政法上的返还请求权更强调"受利益""无法律上原因"的财产秩序恢复目的。

学者在"民法上不当得利请求权与公法上不当得利请求权的关系"的论述中，对德国公法上的该项请求权制度发展所经历的三个阶段进行了概括。第一个阶段中，公法上问题的解决依赖民法上的规定和制度——"不当得利"；第二个阶段以类推适用民法上不当得利规范为主，使用"公法上的不当得利请求权"一词；随着公法上制度的逐渐发展和

---

① F. Ossenbühl, *Der Öffentlich-rechtliche Erstattungsanspruch*, NVwZ 1991, S. 518.

成熟,为逐渐进入第三个阶段——"公法返还请求权"的独立建构,即以依法治国原则、依法行政为基础,对发生在公法关系下国家与公民之间的财产变动进行调整。

(二)普通法系国家对不当得利的公法考量

普通法系国家对该问题的考量,多回溯 Woolwich v IRC 案,① 该案判决消除了行政主体违法收取金钱的返还救济障碍,无论是错误支付还是胁迫支付均可追回,作为"Woolwich 不当因素"的新型返还基础或说理由被创设;其后英国上议院进一步通过 Kleinwort Benson Ltd v. Lincoln city Council 案,② 扩大了返还原则的适用范围。③

同时,我们在英美学者关于多缴税款的返还(Restitution of Overpaid Tax)和税务海关诉讼的讨论中,多见公法不当得利(the Public Law of Unjust Enrichment)一词。④ 英国剑桥大学学者 Rebecca Williams 在对"税收缴纳"及"优惠返还"的案例分析,以及行政法上"本金返还之外的利息返还主张"的讨论中,即使用"公法不当得利"进行表述。⑤

(三)我国学者对返还请求权的多角度研究

我国学者对行政法上返还请求的关注,主要从三个方面进行:公法之债、行政法上的请求权体系和私法上债之关系的延伸。学者汪厚冬在其博士学位论文《公法之债论》中,将"公法上不当得利之债"与公法上无因管理、侵权行为、契约之债并列,作为"公法之债"的体系组成加以论述。⑥ 在该文"不当得利之债"的类型化解读中,以主体为标准的私人向国家请求、国家向私人请求划分,即属于私法请求权思想的沿用体现;"公法上不当得利之债"的具体行使和权能特征等内容,也实质上

---

① Woolwich Equitable Building Society v. Inland Revenue Commissioners [1993] AC 70 (HL).
② Kleinwort Benson Ltd v. Lincoln city Council [1998] 3 WLR 1095.
③ 参见[英]彼得·莱兰、戈登·安东尼《英国行政法教科书》(第五版),杨伟东译,北京大学出版社 2007 年版,第 557—559 页。
④ Williams R., "Unjust Enrichment and Public Law", *Judicial Review*, 2014, 19 (4), pp. 209-216.
⑤ Williams R., "The Beginnings of a Public Law of Unjust Enrichment?" *King's Law Journal*, 2005, 16 (1), pp. 194-208.
⑥ 汪厚冬:《公法之债论——一种体系化的研究思路》,博士学位论文,苏州大学,2016 年,第 252 页。

借助了行政法请求权的体系框架进行论证。

此外,行政法学者也在行政法上请求权体系的研究之下,对作为细分类型的返还请求权加以阐释。徐以祥教授在《行政法上请求权的理论构造》一文中,以确认方式不同,将请求权划分为法律法规直接规定的和间接赋予的两种公法请求权,"公法上不当得利返还请求权"作为间接赋予的类型,是"类推适用民法规定的公法请求权",与公法合同上的请求权、行政承诺确认的请求权等并列。[①] 王锴教授在《行政法上请求权的体系及功能研究》一文中,则将行政法中的请求权划分为原权型和救济型,"公法上不当得利请求权"是与其他无因管理、给付、行政合同上请求权等并列的原权型请求权。[②]

私法上的债权研究中,并没有忽略债之关系在公法上的特殊呈现。柳经纬教授对非典型之债的研究中,提出了两种存在公法领域的债,一种是"公法领域但属于私法性质的债",另一种是"公法性质的债",前者如政府采购或者国家赔偿中的合同之债、侵权之债,后者如税收规费或征收征用中的债,[③] 但并没有对债的细分类型如"不当得利"进行定义和详述。通过德国税收债务关系的学说和立法举例,以及我国《税收征收管理法》的相关规定引述,行政法上的返还请求权,或说"公法上不当得利",已经呼之欲出。

(四) 本质上与私法不当得利制度"平行"

目前,学者较多使用与民法概念相近的"公法上不当得利"一词,我们可在学者的论述中发现该用语选择的学理背景。如认为行政法上的不当得利返还请求权是与民法具有"相同功能"的"平行制度"。在德国法上,给付型和非给付型"公法返还请求权"的类型,即是借鉴民法上的"非统一说"进行的划分。民法上的学说制度,为行政法返还请求权的理论建构和司法适用,"提供了相当程度的参考和借鉴"[④]。"返还请求

---

① 徐以祥:《行政法上请求权的理论构造》,《法学研究》2010 年第 6 期,第 35—36 页。
② 王锴:《行政法上请求权的体系及功能研究》,《现代法学》2012 年第 5 期,第 82 页。
③ 柳经纬:《非典型之债初探》,《中国政法大学学报》2008 年第 4 期,第 58 页。
④ Steffen Detterbeck, in: Detterbeck/Windthorst/Sproll, *Staatshaftungsrecht*, CH Beck, 2000, § 25 Rn. 1.

权"在行政法上的独特性质、原则规范的明确，与其说是独立于民法的发现，不如说是在与民法的比较、对照和借鉴的基础上逐渐发展起来的。

并且，行政法上的返还请求权与民法上的不当得利都意在修正"财产变动"，只不过民法上更注重私人间利益冲突的调和，而行政法上则服务于依法行政原则下的财产秩序恢复。尽管冲突利益的调和在行政法上也是重要内容，但在调和内容和调和形式上都与民法存在差异。然而，从权利救济的角度考察，依法行政原则的秩序恢复和民法上冲突利益的调和，都涉及公法权利尤其是财产权的保护问题。再者，行政法返还请求权与民法不当得利在制度上，也形成了一种平行和呼应关系，这也使得"公法上不当得利"的概念被采纳并沿用下来。[1]

（五）行政法返还请求权的概念选择

本书使用"行政法返还请求权"表述主要基于以下考量。首先，域内外学者论述时尽管使用"公法返还请求权"一词，但并没有对行政法以外的其他公法领域进行关注，如刑法上具有相似特征的返还实践等，讨论似乎不言自明地指向行政法上的相关实践和制度。使用"行政法"可以更加明确地限定所讨论法律问题的具体法域，也符合本书其后结合关联领域，如税费征收、行政私法活动、授益行政等具体返还请求权的发生，检视请求权关联构造有效性的旨意。

同时，"返还请求权"的用语选择，更侧重表达在行政法请求权关联构造的体系下进行公法权利救济的探索。同时根据学者对德国"公法返还请求权"发展阶段的论述，使用"返还请求权"更能契合行政法上请求权独立建构的决心，也可为确立公法权利识别、救济的框架体系奠定基础。

其次，使用"返还请求权"而非"不当得利"，也是一种对行政法上请求权体系的建构的价值宣示，相比民法上不当得利制度，行政法上的返还请求权更强调依法行政原则和信赖利益保护原则的拘束。

---

[1] 有学者从德国法上"公法返还请求权"——无法律原因的财产变动秩序的恢复与民法"调和私人间利益冲突"的目的差异角度，论证了"公法上不当得利"表述的私法指向弊端，但考虑到行政法学界和实务界偏好使用"不当得利"一词，于是采用"公法上不当得利""返还请求权"的组合表达方式进行行文论述。

再次，对于因授益行政行为撤销而发生的返还请求权，在行政行为撤销并溯及既往失效之前，仍具有给付的法律上原因，而非无因。这与民法上不当得利制度的认知并不相同，民法上基于违法行为所得给付，即符合"不当得利"构成要件而须返还，也即民法上"违法"与"不当"的判断的几乎等同，这在行政法上并不当然成立，继续沿用"不当"表述反而增加制度建构的难度。

最后，在有关"不当得利"返还涉及第三人的问题上，[①] 返还请求权概念更为清晰和妥适。第三人取得的利益来自原法律关系中的得利人，尽管从公平法理上看，第三人的无偿取得需要返还，但第三人并未造成得利人的损失，性质上不属于"不当"得利。在行政法上此类问题因多方主体和案件事实的复杂性，更难以把握，因而，"返还请求权"一词的缓和性，可以在一定程度上化解当事人就该概念本身的理解和认知冲突。

二 行政法返还请求权构成要件的比较研究

德国"公法返还请求权"的理论和制度较为成熟，日本受德国学说的影响，公法上返还请求权在相关判例中有较多体现。我国因为相关理论制度的缺失引发一系列问题，如司法实践中仍将行政法上返还请求作为民事案件审理、裁判缺少规范依据、行政诉讼和判决类型僵化等。

（一）德国"公法返还请求权"的构成三要件

德国学者德特贝克（Detterbeck）将"公法返还请求权"的要件概括为：财产变动、公法关系和无法律上原因。以"财产变动"取代一般民法上不当得利构成判断中的"受利益""受损害"及其间因果关系等要件。[②] 遗憾的是，部分学者在此基础上，依旧使用"受利益""致他人受损害"来对财产变动要件进行解释。此外，相比民法不当得利理论上非统一说的发展，以及给付型和非给付型不当得利类型细分下构成要件的

[①] 详见我国《民法典》第988条的规定。

[②] 德国通说三要件为：财产变动（Vermögensverschie-bung）、在公法关系中（im Rahmen der öffentlichrechtlichen Rechtsbeziehungen）、无法律上原因（ohne Rechts-grund），参见 Steffen Detterbeck, in: Detterbeck/Windthorst/Sproll, *Staatshaftungsrecht*, München: CH Beck, 2000, § 24 Rn. 1ff。

各自形塑,"公法返还请求权"的构成要件则略显单薄。面对复杂的社会事实和个案差异,行政法上的要件欲有效发挥辨识和规范指引作用,需要更加深入细致地进行精细化、类型化的探索和建构,也可以为请求权在关联领域的证立和规范检索提供基础和示范。

有学者将行政法返还请求权(公法不当得利)的成立要件,确定为"财产变动、公法范畴、欠缺法律上原因"三个要件,并将该请求权定义为"公法范畴内欠缺法律原因而发生的财产变动",但未更进一步详加论证,而是依旧沿用民法上的叙述,将财产变动解释为"一方受有利益,他方受有损害"的情形。例如,学者在结合"养老福利津贴的授益给付撤销",对行政法返还请求权的各构成要件与事实之间的对应关系进行分析中,[①]"财产变动事实"即使用"致他方受有损害"进行释解,略显遗憾。

(二)民法上不当得利请求权的构成要件比较

1. "受损害"并非不当得利请求权的核心

与德国公法上直接使用三要件不同,民法上不当得利返还请求权,一般为受利益、受损害、因果关系和无法律上原因四要件。受损害作为不当得利构成要件是否恰当,在大陆法系不无争议。德国部分私法学者,即坚持将"损害"的概念从不当得利的构成要件中剔除,以示与损害赔偿请求权区别。私法上的不当得利制度侧重价值分配、衡平,"应从损害赔偿法的概念支配中解放出来"[②]。日本学者石田文次郎,也持同一观点,"不当得利的目的在于……排除不公平的结果"[③],是否造成损害并非必然需要考虑的事项。

我国行政法上沿用德国"公法返还请求权"三要件,但又再次将"财产变动要件"重塑回"一方受有利益,他方受有损害",且"受利益与受损害之间存在因果关系",此种基于民法思维的解释和沿用值得反

[①] 金钱给付为财产变动事实,福利生活津贴的发放是"社会立法"下的公法法律关系,而授益行政行为的撤销及溯及失效则构成受利益的无法律原因要件。

[②] 杨振山:《债法事典》,中国工商联合出版社1949年版,第463—464页。

[③] 转引自洪学军《不当得利制度研究——一种系统的结构、功能理路》,博士学位论文,西南政法大学,2003年,第57页。

思。对于进入诉讼程序的不当得利双方，裁判者只关心被告是否获得了本应归属于原告的利益，与损害赔偿请求权中对"受损害"的主要关照形成鲜明对比。损害赔偿制度本身目的是矫正侵权所致损害，并不考虑被告是否从中获得利益；相比之下，不当得利请求权所关切的则为被告是否获得利益，原告是否因此受有损害则可不予考虑。

普通法系的"返还规则"与大陆法系存在区别，"受损害"的表述相对少受苛责。这是因为不当得利只是该"返还（Restitution）制度"的一部分。[①] 该"返还制度"除了约束不当得利请求权中无法律原因财产变动的恢复，因不法行为而获得利益的返还也属其制度规范内容。

2. "受损害"要件的类型化转变

尽管"受损害"要件存在争议，但限于受利益、受损害论证的关联性，"受损害"要件仍在不当得利相关研究中被广为使用。为应对这一难题，理论研究中发展出来的非统一说之下的给付型不当得利和非给付型不当得利类型细分，及该分类基础下基础要件重构，使受利益和受损害以及两者之间具有因果关系的表述，逐渐被"给付关系"和"耗费发生"所取代。

有学者研究指出，"不当得利请求权的概念构成应当依其类型加以认定"。比如给付型不当得利请求权应当以受利益和因他方的给付而受利益，取代原先的受利益、受损害及其之间因果关系的要件。因为不当得利请求权的功能不在于填补损害，而是创造一种受益人返还无法律原因而受有利益的衡平规则。从比较法的角度来看，域外不当得利立法并未使用"损害"一词表述，也是对这一概念可能带来误解的回避。例如《德国民法典》第812条的"由他人负担费用而受利益"，《日本民法典》第703条的"损失"，以及《瑞士债务法》第62条使用的"因他人财产而受益"等。我国《民法典》第985条"不当得利的定义"，即"得利人没有法律根据取得不当利益的，受损失的人可以请求得利人返还取得的利益"，使用"得利人""受损失的人"的形式进行表述，也在某种程

[①] Lionel D. Smith, *Restitution*, Farnham: Ashgate Publishing Company, 2001, p. 67.

度避免"损害"概念的误用。①

（三）行政法返还请求权要件的精细化

德国公法返还请求权确立的三要件中，财产变动要件取代了民法上受利益和致他人损害的要件，一定程度上避免了相关争议的发生。但其实返还请求权每一个要件都有待精细化。以财产变动要件为例，部分学者在对要件进行释义时，仍然使用民法上存在争议的"受损害"或"受利益致他人损害"的方式进行表述。然而，公法上的财产变动，相比民法不当得利制度中的受利益、受损害，需要更多地结合公法原则和公法理念进行考量，例如基于依法行政原则、信赖保护原则，行政法返还请求权所展现出的冲突利益衡平策略。

我国公法学者沿用德国公法返还请求权的财产变动要件，却未进一步辨明此一要件用语的含义和制度理论背景。使用民法上存在争议的受损害及因果关系来解释这一公法上请求权，② 也难与国家公法责任制度中的损害赔偿责任相区分，因为行政法返还请求权所对应的毋宁是一种区别于赔偿责任和补偿责任的返还责任，有必要详加区分。此外，行政法返还请求权构成要件精细化论证的价值还表现为两个方面。其一，公法关系向行政法律关系的转向和限缩，使得刑法等其他公法领域的返还被不加区分地纳入，也使得学者未来向行政法以外进行扩展时，可得清晰辨识不同公法领域规范适用的差别。其二，从财产变动要件出发，结合耶林内克公民地位关系理论中请求权与基础性公法权利的关联，以及"受利益"在不同领域的差异化形态，行政法返还请求权的发生可得具体化和类型化，这对请求权关联构造和关联领域规范适用指引而言，具有非常重要的价值。

但是"财产变动"不是终点，我们仍旧需要通过辨识返还请求实践所遭遇的问题，解决"财产变动"无所不包含而导致的要件功能虚化问题。

---

① 我国第一部《民法典》已于2021年1月1日起施行，其第二十九章第985—988条对"不当得利返还"进行了具体规定。

② 参见王万里《论公法上的不当得利》，硕士学位论文，南京大学，2012年，第6—8页。

三 行政法返还请求权要件重塑

（一）受利益

从比较法观察，德国、中国学者多数使用"财产变动"和"公法关系"作为返还请求权的构成要件。本书为何没有沿用较为普遍的"财产变动"要件，反而是回到民法一般意义上的"受利益"要件进行判断呢？这与返还请求权的行政法特性紧密相关。

1. 财产变动要件的反思

目前，已有学者从受利益、受损害及其之间具有因果关系的角度，转向使用"财产的增加或减少"来解释行政法上的财产变动。作为财产变动的增减，从不当得利返还请求权与损害赔偿请求权的重心偏差来看，返还请求权只关心受领人受有利益的法律上无原因性，后者则以受损害人的"损害"为中心，加害人是否因此受有利益在所不问。因而，以"受利益"作为行政返还判别要素更为适合。

民法上不当得利以"受利益""受损害"及其之间因果关系为重要判断标准。受此影响，德国公法学者虽然以"财产变动"（Vermögensverschiebung）代替受利益、受损害作为要件，但在解释财产变动时，仍旧使用"受利益"（Bereicherung）"受损害"（Entreicherung）进行概念释义，[①] 未对公法上的特殊性加以考察，也未侧重对公私法差异进行区分。

国内行政法学者也不免将返还请求的成立界定为："须一方受利益，他方受损害""受利益受损害之间具有直接因果关系。"[②] 且多借鉴民法上的分类方法，对返还请求权进行给付型和非给付型的划分。对于给付型返还请求权，行政机关提供给付为受损害方，相对人受领给付为受利益；非给付型返还请求权，物或权利的使用为受利益，被他人使用一方为受损害。早在 2004 年，已有学者使用"由一方财产之减少，直接构成他方财产之增加"的表述，恐已有意区分请求权的公法特性，谨慎对待

[①] F. Schoch, *Der öffentlichrechtliche Erstattungsanspruch*, Jura 1994, 82（86f.）.

[②] 杨维佳：《论我国行政主体的不当得利返还请求权》，硕士学位论文，吉林大学，2017年，第12—16页。

私法上受利益和受损害的直接套用。

2. 受利益与受损害的因果关系判断分歧

财产变动是否实际发生及请求权的主体双方确定，还需要导入受利益与受损害的因果关系判断，不无争议。直接因果关系说对三方关系中多重法律事实、法律关系的解释乏力；[1] 非直接因果关系说基于"客观的牵连关系"，虽可更好地解释中间人的恶意情形下的成立判断，[2] 也引起了"主观可非难"是否宜作为第三人主张不当得利的要件的争论。同样，相当因果关系说在概念上与侵权行为的损益变动、价值判断难以区分，又不能摆脱直接因果关系的纠缠，必要性饱受质疑。

3. 由"财产变动"向行政法律关系中的"受利益"转变

除了"受损害"要件的异议和因果关系学说的争论，财产变动要件也存在模糊性和功能虚化的风险。财产变动几乎可以涵括行政法领域所有涉及公私财产权的事项，体系不可不谓庞大，加上缺少区分度，在行政法律关系调整日益精细化的今天，确有精细化修正的必要。同时，受利益以及基于何种行政法律关系受利益的结构化思考模式，及基于此种关联的类型划分和综合判断，对行政法上请求权的关联构造和权利救济具有基础性意义。

(二) 基于行政法律关系而受利益

1. 公法关系要件的自然限缩

德国通说认为，返还请求权指向"法治国原则中的依法行政原则"[3]，行政行为须符合宪法和法律的规范，因而无法律上原因的财产变动需要恢复适法状态。行政法上的财产变动完全由民法规范拘束和评价，容易使行政法上的依法行政原则、信赖利益保护原则等被忽视，置于行政法律关系的视域下，基于税费征收、行政协议（行政私法活动）、行政给付等具体关联领域发生的返还请求权及其公法考量的明确，可以对返还所涉及公共利益和个人信赖利益进行有效衡平。

---

[1] 直接损益变动关系判断中，若甲将乙之肥料施于丙土地，丙受益来自甲而非乙，乙丙之间不具有直接因果关系，乙无法向丙求偿不当得利。

[2] 如甲向乙骗取金钱，而向丙非债清偿。

[3] Walter Jellinek, *Verwaltungsrecht*, 3. Aufl. Berlin: Springer, 1931, S. 239.

学者在公法关系要件下论述返还请求权时，自然进入行政法领域讨论。德国学者将返还请求权界定在公法关系领域内，至于何为公法关系，包含对哪些领域的调整却未加以说明。也有学者从公法之债的角度把握返还请求权的性质，如将"行政法上"不当得利作为债权关系的发生基础，因为该请求权可以具体解构为受利益、无法律上原因，一方对失利他人具有"不当得利返还义务"，相应失利的人则对受益一方享有"不当得利返还请求权"。

从"受利益"、无法律上原因而需要返还的行政法债之关系领域考察，将更有助于返还判断的情景化。

2. 基于行政法律关系"受利益"的要件判断

如前所述，"受损害"和"因果关系说"的功能和争议同样显著，财产变动要件又过于抽象和概括，难以真正发挥要件的识别作用。

已有研究暂未从体系化的视角深入，也使得学者在篇幅和精力的限制下，未及从行政法实践所遭遇的问题及行政法已有价值规范体系出发，思考返还请求权构成要件的结构和层次。行政法上的返还请求权与民法不当得利请求权既有共性又有差异，从请求权对公法权利救济和具体关联领域的衔接角度，返还请求权与公私法财产型权利的救济密切相关；同时，根据受利益所依据的行为性质差异和行政法的调整领域区分，所确立的行政法律关系属别和规范检索方法，又对关联构造和规范适用起到相当关键的过滤和衔接作用。

(三) 无法律上原因

无法律上原因主要包括两种类型，一种是自始无因，如无效行政行为、行政协议，另一种是事后无因，如行政行为经撤销、废止而溯及失效。"受利益""无法律上原因"是返还请求权发生的关键，[1] 该"原因"可以是曾经存在的、给付发生所依据的行政行为或者行政协议、行政事实行为等。比如基于授益行政行为所为的给付，该行政给付行为即是相对人受利益的法律上原因，经撤销溯及失效时，法律上原因随其效力消

---

[1] Steffen Detterbeck, in: Detterbeck/Windthorst/Sproll, *Staatshaftungsrecht*, München: CH Beck, 2000, § 24 Rn. 14.

灭而不存在。德国《行政程序法》第48条，"违法行政行为，即使已具确定力，仍得部分或全部对将来或溯及既往的效力撤销"，即是关于行政行为撤销后，原所受利益失去法律上原因而导致返还请求权发生的立法例。例如，行政机关未经征收，将集体成员享有使用权的土地规划、铺设为道路，成立公用地役关系时，如果行政机关同时在其上划设停车位收取费用则构成双重获利，但该增加的财产并无法律上的依据或原因，可以通过行政法上的返还请求权恢复财产秩序的适法状态。

根据"受利益"所处行政关联领域的不同，无法律上原因的判断基础也存在区别。在此，将简述根据公法权利"公民地位关系"理论和行政关联领域、调整方式差异所划分的三种类型。其一，税收征收等负担行政关联领域的"返还"。例如《税收征收管理法》第51条，"纳税人超过应纳税额缴纳的税款，税务机关发现后应当立即退还"，以及第52条"纳税人、扣缴义务人未缴或者少缴税款的"，税务机关在三年内可以"追征税款"或"要求纳税人、扣缴义务人补缴税款"等，即属于在应缴税款额度以外的"多缴"或应缴未缴的"消极财产的减少"，因"受利益""无法律上原因"而须返还。我国《海关法》第36条关于多征税款"可以要求海关返还"的规定，也同样是该"特殊返还"无法律上原因的体现。其二，对于新型行政关联领域的无法律上原因，则多基于协议解除或自始无效而成立。其三，授益行政领域的金钱或可分物给付，在该授益行为本身被撤销、废止后，即属于"受利益""无法律上原因"。由于行政行为公定力的存在，在其被撤销、废止等溯及既往失去效力之前，无论属于轻微瑕疵还是重大违法，该行为本身即是作为"给付"的法律上原因，暂未进入返还请求权的辖域。

第四节　基于公法权利"公民地位关系"的类型划分

伴随着我国从传统秩序行政向福利行政、给付行政的过渡，柔性化的行政方式被行政主体大量采用。在此过程中，行政相对人从行政主体处"受利益"无法律上原因的情形大量出现。行政主体通过税收、规费、行政协议形式等从行政相对人处获得"不当得利"的情形也并不少见。

因而，我国行政法上应如何对相关类型的公法权利进行救济？民法上请求权为枢纽的体系化、法典化进程可以为行政法提供何种参考，以及行政法返还请求权的构成要件、类型划分、规则准用和规范框架的整体性建构如何进行？这些疑问在我国行政法学理论研究中少有涉及，却是我国在转变政府职能、构建服务型政府过程中的立法所亟须面对的。

一 请求权关联构造的原初驱动

行政法返还请求权受利益、基于行政法律关系而受利益、无法律原因三项基础要件，背后所关联的却是一个涉及行政程序法、国家赔偿法、行政许可法及诸多规范性文件的庞大法律制度体系。在简洁的三要件与复杂的行政领域、行政内容之间，非以有效的类型化指引和关联，难以形成有效的规范运作模式。这是因为，在行政法返还请求权成立要件之下，存在多种与不同基础公法权利关联的返还请求权。因而，个案是否于事实认定上归入该制度拘束，不尽相同。如受益权相关联的返还请求权，在返还判断、返还范围等方面与国家的征收权、双方的财产权等关联的返还请求权存在差别。类型化对返还请求权制度的整体性建构和适用，具有重要意义。

从民法到行政法，返还请求权类型化的努力从未停止。民法上不当得利请求权统一说和非统一说争论旷日弥久，非统一说之下"给付型和非给付型的划分"具有重要影响。① 德国公法返还请求权的发展即经历了从判例到立法、修法，最后形成较为成熟的制度的过程，即便如此，近来德国学者"参考民法"前述非统一说的"给付型和非给付型"分类研究，② 仍旧"未透彻"，讨论多集中在通过行政行为给付的返还请求判断和法律效果上。例如，根据给付的原因划分为"基于行政行为给付型"和"非基于行政行为给付型"③。我国学者也有针对授益行政行为"给

---

① Lowenheim, *Bereicherungsrecht*, 2. Aufl. München, 1997, S. 14f.
② W Lorenz, "Verbindungslinien zwischen öffentlichrechtlichem Erstattungsanspruch und zivilrechtlichem Bereicherungsausgleich", in: Badura/Scholz (Hrsg.), *Wege und Verfahren des Verfassungslebens – Festschrift für Peter Lerche zum 65. Geburtstag*, München: CH Beck, 1993, S. 933ff.
③ K. Windthorst, *Staatshaftungsrecht*, JuS 1996, 894 (898).

付"返还的研究，尝试从给付原因等角度，对下位类型的返还请求权进行再度细分。非给付型返还请求权的研究，鲜有学者涉足。

在意识到给付型和非给付型分类的展开乏力之后，国内也有学者另辟蹊径，选择从"请求权享有主体"角度进行分解归类。[①] 域内外学者类型化的不断尝试，凸显了分类建构的必要性。基于行政法规范体系的庞大和复杂性，请求权类型化的意义无须多述。最显著的体现是，在授益行政和负担行政关联领域内，依据个案事实所成立的返还请求权，在返还方式、返还范围和法律效果上，各有千秋。

行政法返还请求权所关联的是从基础性公法权利到行政程序法、国家赔偿法和行政许可法等实体法规范的紧密网络。因而，关联领域的类型划分，不仅使得基础要件与复杂社会事实的有效串联，对行政法律规范适用的指引也有重要意义。例如，在授益行政行为给付返还的请求权类型中，纵然因违法而需要通过返还恢复财产变动的秩序，若该行政行为暂未撤销，则并不满足返还请求权的成立要件（无法律原因）。由于违法性与有效性并非一一对应的关系，具体行政领域的请求权关联构造，可以使返还请求权免于陷入不必要的争点判断。针对每一种具体返还请求权子类别的类型化判断和指引，也因之具有重要价值。

二　类型化的学说及各自优缺点

（一）给付型和非给付型返还请求权

既然以给付的原因进行类型划分，那么确定给付概念的核心就显得尤为重要。给付一般是指"有意识、有目的地增加他人财产利益的行为"[②]。由于在目的不存在或者目的不达的情况下，即赋予财产变动的无法律原因性，所以目的性无疑是其核心内容的指向，也因此成为判断行政法返还请求权是否成立的关键要素。[③] 如果基于清偿债务为目的的给付，在该给付原因被评价为自始不存在或者事后消减时，给付所带来的

[①] 熊勇先：《公法不当得利及其救济》，《法学杂志》2012年第6期，第107—108页。

[②] Steffen Detterbeck, in: Detterbeck/Windthorst/Sproll, *Staatshaftungsrecht*, München: CH Beck, 2000, § 24 Rn. 6.

[③] 目的指向化的给付概念有助于较明确地认定给付不当得利的当事人。

财产变动后果，即因无法律上原因而得返还。前者包括契约无效，后者如契约解除。

受民法不当得利非统一说之下的给付型和非给付型分类影响，行政法上返还请求给付、非给付分类方式同受追捧。德国公法上给付型和非给付型的返还请求权类型划分，即是沿袭民法上的不当得利请求权制度所进行的分类，并对非给付型返还请求权，进行侵害型、求偿型和耗费型的细分。但是学者直言即便德国研究仍"未透彻"，虽不畏艰难但"难以深入""较为复杂"只得"忍痛割爱"[1]。或许正是非给付型返还请求权在行政法领域的特殊形态，削弱了其研究必要性而未得察觉。

民法上不当得利统一说和非统一说的争论交替，但实则"统一说未能统一"，"非统一说不免琐碎"。行政法返还请求权的非统一说"借鉴"未得预期效果，基于非统一说进行给付型和非给付型的划分，偏离非统一说的理论根基和非统一说所追求的目的，[2] "公法请求权"三要件的整齐沿袭和使用，也让人不禁对给付型和非给付型的类型化"表象"疑虑重重。

因此，我们不妨从非给付型在行政法上的遭遇，反观及印证这一分类根基的松动。非给付型不当得利，按照学者的侵害型、求偿型、耗费型分类，在公法中，至多表现为国家责任制度中返还责任与赔偿责任或补偿责任的竞合。个人对国家侵权，即使表现为集体或国家利益的损害，一般以治安管理、行政处罚等加以规范，而财产不利益部分往往适用民法规定加以矫正，另外创设个人对国家侵权的制度在必要性和独立性上不无争议。

这就使得侵害型利益返还鲜有通过返还请求权制度进行损失弥补，从国家责任的理论和制度上看，返还责任因其"无法律原因财产变动秩序的恢复"的实质属性，而与赔偿责任、补偿责任存在显著差别。更为关键的是，返还请求权所对应的返还责任或个人返还义务，并非在于填

---

[1] 汪厚冬：《公法上不当得利研究》，《北方法学》2012年第2期，第51页。

[2] 非统一说区别给付和给付外原因，分别探求不当得利返还的成立，构成要件也因此存在差异。参见 Wilburg, *Die Lehre von der ungerechtfertigten Bereicherung nach österreichischem und deutschem Recht*, Graz: Leuschner & Lubensky, 1934, S. 5f.

补损害,而是无法律原因财产变动秩序的恢复。由此,对于非给付型返还请求权的发生,最适合通过《国家赔偿法》和《民法典》"侵权责任编"加以规范,在行政法上即使表现为与返还请求权发生的竞合,仍暂不宜在返还请求权制度内平行建构。

(二) 以主体为分类依据的四种类型

"请求权"一词很容易使人误以为是人民向行政主体单向请求返还的用语。事实上,尽管德国"公法上返还请求权"发源于广义的国家责任制度,[①] 却未有例外地将人民、国家或行政机关"作为请求权主体"加以阐明,具体包括:人民向国家或其他行政主体请求、国家或其他行政主体向人民请求、国家或其他行政主体之间相互请求、同一行政主体中不同机关之间基于内部法律关系相互请求,[②] 本质上已经脱离国家责任制度中请求权主体的单向性。

行政主体间的返还请求权,在多数国家的行政法实践中,都是较为边缘化的存在,但这并不能否认其研究价值的重要性。例如,我国云南省大理市在新型冠状病毒疫情防控期间,"应急征用"598 箱由云南顺丰速运公司承运发往重庆市用于疫情防控的紧急物资,重庆市第一时间发函"商请放行"[③]。该案引起强烈社会反响,重重压力之下,大理正式道歉,并退还和补偿征用物资。[④] 由于时期的特殊性和舆论压力,"征用"无依据的物资最终得到返还和补偿,但从长远来看,行政主体之间的返还请求权,仍旧需要回到制度化的保障中,这也是现代化国家治理体系建设的必然要求。这也是本研究的初衷所在,任何制度的建构都离不开

---

① K. Windthorst, in:Detterbeck/Windthorst/Sproll, *Staatshaftungsrecht*, München:CH Beck,2000,§ 1 Rn. 1ff.

② F. Schoch, *Der öffentlichrechtliche Erstattungsanspruch*, Jura 1994, 82(85f.)。

③ 大理市卫健局依据的《云南省突发事件应急征用与补偿办法》,虽然提供了征用依据,但跨行政区域的征用,却违反了上位法《传染病防治法》第 45 条的规定,"僭越"了本属于国务院的征用权。其实,口罩难以解释为该条规定征用的"房屋、交通工具以及相关设施、设备"类型,谨待立法修订。

④ 2020 年 2 月 6 日,大理市免去相关责任人员职务,并继续派送"征用"未发放的 331 件口罩,已经使用的 267 件口罩,大理市与重庆市达成补偿协议,已兑付 99.03 万元,剩余款项正在兑付过程中。

对具体概念装置组成的剖析和类型化建构，行政法返还请求权亦是如此。

对较为典型和多发的行政主体与人民互为请求的类型划分而言，其意义多体现在信赖保护判断、返还方式等法律效果方面，如人民作为被请求返还主体时，基于依法行政原则与信赖保护原则的冲突，个人信赖利益可能阻却返还行进；再如只有在行政主体请求或行政主体之间互为请求时，才有作出"行政行为"要求返还的可能性，及基于法律保留原则未授权只能提起行政诉讼要求受益人返还等。

(三) 行政行为和非行政行为的类型划分

根据给付是否依行政行为发生所进行的分类，主要有"基于行政行为"而产生的返还请求权，以及基于法律法规、行政契约、行政事实行为等"非行政行为"而产生的返还请求权等。民法上债务的清偿是不当得利发生的最主要原因，而其所对应的一般是财产权的损益。但是在行政领域，由于行政行为种类的多样化，以及不同种类的行政行为之间的差异性，不似民法上发生的相似性和规范依据的明确性。这也预示了行政法上请求权生命力和适用范围的广阔度。

行政行为和非行政行为的类型划分，主要是为了回应授益行政行为撤销等返还实践的高发生率，对克服给付型、非给付型划分的研究侧重和失衡，也有一定帮助。但无论何种划分，始终没有脱离违法授益行政行为撤销的焦点视角，事实上这也是返还请求权实践所需要面对的棘手难题所在。我们更需要的是，从表现形式深入到体系建构层面上进行类型划分。从域内外发生的相关案例来看，授益行政返还主要集中在土地征收补偿、溢领补贴款、薪酬多领多发等金钱或可分物给付领域，可分物给付主要是指消防器材、医疗器械等非金钱形式的给付，基于违法或瑕疵行政行为而须撤销进而负返还义务的情形。而对于物或权利的使用可以是否作为返还内容，民法上无多异议，唯行政法上是否适用价额返还仍未有定论。

三 基于被动地位、消极地位和积极地位关系下的类型划分

行政法上借鉴民法给付型和非给付型返还请求权的类型划分研究中，给付型返还请求权自给付关系展开，但局限于授益行政行为所为给付的

法律问题进行讨论，并没有概括或抽象出全部返还规则应得适用的行政关联领域；而非给付型返还请求权作为对照类型的划分，实则或进入公法上的强制性法律规范调整范围，如"非法占用农用地"、权益侵害，①或通过"行政协议""合意约定"处理，或并非作为国家公权主体身份所为的行政行为，而适用民事法律规定解决争议。也有学者认为，"公法上不当得利必须存在真实的或假设的给付关系"，如果欠缺则应属民法调整范围。② 非给付型返还请求权的研究，在域内外理论研究中一带而过，鲜有深入涉足，即是此种请求权分类的缺陷的间接印证。类型化的意义和规范适用指引的功能"名存实亡"，反而限制了这一理论制度向更高维度的跃升。

由于行政法返还请求权本质所形成的是债之关系，所以自然与财产型的公法权利相对应。但我们也要注意到返还请求权并非直接产生，而是由于行政行为的撤销或失效，以及条件成就或其他法律规定情形出现，使得原"受利益"的财产变动回转。对是否返还、如何返还、返还范围的限制等具体问题的思考，我们往往需要回到原给付或其他引起受领人受有利益的"场景"进行考察，以确定行政法上依法行政原则、信赖保护原则及比例原则的特殊价值考量和适用余地。

耶林内克根据公民"与国家关系中所处的法律地位"的不同，阐释了个人的公法权利体系，③ 这对我们进行请求权与具体行政领域关联的类型化探索，具有重要启示和价值。耶林内克认为，首先个体相对于国家在垂直关系中处被动地位，具有向国家"履行特定行为的义务"④，税费的缴纳即是其中典型内容之一。与此对应的是国家的征收权，并不产生

---

① 例如《刑法》第 342 条"非法占用耕地、林地等农用地"的刑事责任，《国家赔偿法》第 4 条"违法征收、征用财产的"，"受害人有取得赔偿的权利"，以及《国家赔偿法》第 38 条"人民法院""违法采取对妨害诉讼的强制措施、保全措施或者对判决、裁定及其他生效法律文书执行错误，造成损害的"，赔偿请求人可以要求国家赔偿等。

② Steffen Detterbeck, K. Windthorst, Hans-Dieter Sproll, *Staatshaftungsrecht*, München: CH Beck, 2000, §24 Rn 8.

③ Georg Jellinek, *System der subjektiven öffentlichen Rechte*, Neudruck der 2. Auflage Tübingen 1919, Tübingen: Scientia Verlag Aalen, 1964, S. 86.

④ 徐以祥：《耶里内克的公法权利思想》，《比较法研究》2009 年第 6 期，第 107 页。

公民的公法权利。而在剩余三项公民消极地位、主动地位和参与地位的划分中，则分别与财产权、受益权和参与权对应。

从公法权利理论"公民地位关系"考察，"受利益"无非集中在前三种法律地位"场景"中，而由于行政法体系是围绕"行政行为中心理论"的建构，[1] 从行政法上而非公民公法权利的角度，描绘行政关联领域和行政法律关系下的请求权形态会更加精确，即由"征收权"和财产权、受益权的划分所提供的权利衍生思考，可以提供公法价值考量的规范框架。由于行政法律规范体系的庞大，一个抽象的概念涵括所有该类别下的行政法律关系类型十分困难，本书尝试以税费返还、行政协议、行政行为为各自领域的"受利益"返还的典型代表，反向对行政法上请求权的类型化依据和公法权利衍生关系进行推论。

首先，国家的"征收权"或暂未识别的公法权利与公民被动地位的服从和义务履行的关联。被动地位在行政法上最典型的体现，即是公民依据法律法规进行税费缴纳义务履行，此时对于"多缴"或"少缴"的税费，依法律规定得利人负有向失利人返还的义务，失利人的"返还"主张即是行政法上的返还请求权在该领域的体现。其次，与公民的被动地位对应，主动地位下的公民享有"受益权"，并与"国家的给付义务"对应。[2] 随着给付行政、福利行政的时代转向，以《行政许可法》《城市居民最低生活保障条例》为代表的授益行政行为撤销、废止或其他失效情形下的"受利益"，失去法律上的原因而成立行政法上的返还请求权。[3] 最后，与公民或国家财产权相关联的"受利益"，更多地接近民法所调整的不当得利制度，只是或因国家的公法主体身份，或因参与私经济活动的行政法上目的，而须纳入行政法律规范的调整范围。随着行政法治的推进，无论是为解决"公法问题采用私法手段"，还是"公法问题私法辅

---

[1] 王本存：《论行政法上的公法权利》，《现代法学》2015年第3期，第58页。
[2] 张翔：《基本权利的规范建构》，法律出版社2017年版，第184—185页。
[3] 授益行政撤销所成立的返还请求权并非行政主体单独享有，因为相对人基于"许可"或"信赖"而进行的投资、建设等，在因违法而得撤销时，亦可主张"成本"返还和损失补偿。

助"的"公私混合应对"①,"行政协议"已经成为确保行政规范性和权利保障的标准"配置",并在我国《政府采购法》《国有土地上房屋征收与补偿条例》《基础设施和公用事业特许经营管理办法》等法律规范中多有体现。因而,以行政协议中"受利益"的返还问题为例进行类型化探究,对解决实践问题的兼容性更强,也有助于阐明行政法上请求权关联构造的方法和体系。

---

① 钟瑞栋:《民法中的强制性规范——兼论公法与私法"接轨"的立法途径与规范配置技术》,《法律科学》2009年第2期,第72—73页。

第四章

负担行政领域的返还请求权类型(一)

承前所述,行政主体与人民互为请求的类型划分负载内容有限,行政行为和非行政行为的分类缺少规范指引效果,给付型与非给付型的区分难以体系化拓展,而基于公法权利"公民地位关系"与国家请求权、财产权、公民受益权的不同关联所为类型划分,则可针对负担行政、私法行政、授益行政等不同行政关联领域进行差异化关照,并对法律地位差异所体现的返还实践特征进行共性基础上的情景化把握。通过类型化的根基巩固、返还共性规则梳理、差异性特征的提炼等,即可检视请求权关联构造理论的可行性,也可通过行政法规范和实践案例的挖掘,以及程序法、诉讼法、国家公法责任制度等救济体系的确立,明确公法权利行政法救济的普适性进路,指引行政裁量和司法裁判实践。

第一节 国家公法权利的价值重拾

"传统宪法的功能在于控制国家权力","然而在国家与社会日渐融合的今天,个体、社会需求的实现都离不开国家的参与"[①]。国家参与的形式并不限于"权力"运作,国家的公法权利、请求权虽然被忽视,亦为宪法与行政法的互动衔接的重要媒介。弗里德里希·吉斯(Friedrich

---

① 李忠夏:《宪法变迁与宪法教义学:迈向功能分化社会的宪法观》,法律出版社2018年版,第9页。

Giese）曾描述"国家法上的法律关系"为"个人和国家之间产生的相互交错的权利义务的整体"[1]。

一 公法权利理论中"国家的请求权"

在最高人民法院适用保护规范理论确认原告资格之后，公法权利犹如救命稻草，重新进入行政法学者的视野。然而，在近年来学者对公法权利的历史考察和实践诉求整理中，已经不见了国家作为公法权利主体的踪影，[2] 甚至"国家的公法权利"表述亦需要我们主动去思考其概念指向。公民借此概念，一跃成为主体而非国家统治的客体，何为公法权利也已经被"公民相对于国家的法律地位"释义所占据。[3]

现今公法权利理论的单独公民面向，可以从宏观抑或具体的公法权利制度规范和理论研究中得到印证。具有实体法规范基础的公法权利，如《宪法》第2条规定的"参与权"、第41条规定的"申诉控告检举权"，《信息公开条例》规定的"知情权"，《国家赔偿法》第2条规定的"赔偿权"等。宏观的理论研究，如公法权利的参政权、受益权和自由权分类等。[4] 总的来说，近来研究不将国家作为公法权利主体纳入，或许已经成为默示的规则。揭开这一研究倾向背后的原因，我们需要一瞥公法权利理论发展的历史长河。

不过在此之前，需要说明的是公法权利理论本身已经处于岌岌可危的状态，自德国《基本法》颁布后，基本权利理论"自成一体发展"[5]，与公法权利理论分离，并且更具影响力和广泛确信，公法权利理论也逐渐被"排挤""限缩至行政法领域"。由于公法权利在我国以行政行为中心的行政法体系内本未完全立足，再加上基本权利研究的繁荣，使得其

---

[1] Die Verfassung des Deutschen Reichtes, 8. Aufl., 1931, S. 211f.

[2] 参见王本存《论行政法上的公法权利》，《现代法学》2015年第3期；徐以祥《耶里内克的公法权利思想》，《比较法研究》2009年第6期；赵宏《主观公法权利的历史嬗变与当代价值》，《中外法学》2019年第3期；张翔《走出"方法论的杂糅主义"——读耶林内克〈主观公法权利体系〉》，《中国法律评论》2014年第1期。

[3] Wolf/Bachof, Verwaltungsrecht: Band I, 9 Aufl., München: CH Beck, 1974, S. 299.

[4] 参见杨建顺《日本行政法通论》，中国法制出版社1998年版，第191—206页。

[5] Boeckenfoerde, Grundrechtstheorie und Grundrechtsinterpretation, NJW 1974, S. 1529ff.

更显势单力薄。

二 公法权利理论的整体性与国家请求权的客观存在

公法权利理论的发展几乎与德国国家形态从"威权"到"法治"的转变同步，并表现为权利类型和范围的不断细化和丰盈。格尔伯在《公权论》中肯定了"君主的权利""公务人员的权利"；耶林内克，同样支持国家相对于臣民的主观公法权利、国家联盟的主观公权；托马也认为，在机关之间或各州之间存主观权利，国家对国民同样应获确认，包括"惩罚请求权""征税请求权"等。① 可见理论创设时非同今日的"单独面向"而是双向的"权利与义务"格局，国家也是公法权利的主体之一，并非局限于个人。其实，反对国家作为主体的声音也从未停止，如德国学者奥拓·迈耶认为，主观公权利仅限臣民。② 在布勒提出公法权利的"保护规范说"之后，以公民作为公法权利主体的讨论日趋主流，③ 并逐渐失去针对国家的面向，限缩形成今天的公法权利理论。④

实际上，国家的公法权利是客观存在的，只是未在理论和实践中加以识别。法律规范中公法主体"权利"的列举，尽管不能得出体系化的分类，但是通过域内外立法中的"权能""法律资格""请求权"等表述，至少证明其客观存在不能被直接否定。德国法上曾使用国家的"税收请求权""刑罚请求权"等表述，其立法中关于国家的公法权利、请求权的规范，也几乎不胜枚举。⑤

我国公法主体的请求权在一些特别行政法领域，如税收征管、拆迁

---

① ［德］哈特穆特·鲍尔：《国家的主观公权利——针对主观公权利的探讨》，赵宏译，《财经法学》2018 年第 1 期，第 6 页。

② 他认为基于"精心构造的法治国不存在不明确的元素"，国家与臣民之间用公权利和公共义务指称并不妥当。参见 Mayer, *Deutsches Verwaltungsrecht*, Band I, 3. Aufl. , 1924, S. 104。

③ Ottmar Bühler, "Zur Theorie des subjektiven öffentlichen Rechts", in: *Festgabe fuer Fritz Fleiner*, Heidelberg: J. C. B. Mohr, 1927, S. 26ff.

④ 1914 年，布勒对公法权利理论的阐释被奉为经典，到 1927 年，"保护规范说"进一步获得"主导"地位，国家的主观公法权利概念被彻底剔除。随着时代更迭，虽然"臣民"被"公民"一词代替，但公法权利理论的阐释方式未再发生更改。

⑤ 如德国《行政程序法》第 53 条"为行使公法权利主体的请求权而作出的行政行为"的规定；《联邦行政法院法》第 43 条"处置诉讼"意旨；《警察法》"请求权"表述等。

补偿中广泛存在,其所形成的法律关系核心,即是参与者双边的、互动的权利与义务。诸如国家对个人造成损害的补偿请求权,国家在行政协议上的请求权,及行政许可或行政协议撤销无效后的返还请求权,却都是实在法的组成部分。① 域内外学者将税收界定为一种公法上的债权和债务关系,由于债权本身是公法上财产权利的具体化形式,加上作为退税而衍生的返还请求权实体法规范依据的存在,都有效佐证了国家公法权利、请求权客观存在的事实。

三 国家请求权的价值重拾及其意义

国家通过请求权可以进入相互关联的权利与义务整体。行政法律关系下对公法权利的考察,是国家与公民相互关联的权利与义务整体。区别于传统的国家和个人之间的权力关系,国家的请求权概念,使得国家和公民进入权利义务相互交错的"平等"法律关系领域,公民基于"伦理上自我负责"而非"国家创设"的人格和自由,承担权利履行义务。权力关系,自然转化为国家与公民之间的双边法律关系,而不再是孤立的单向权利或义务。这也与返还请求的双向性和平等性的论述旨意契合。

域内外行政主体之间的权利和请求权,已经不再是理论层面的探讨,在行政司法实践中也屡见不鲜。在德国,如果行政机关之间存在财产变动的返还争议,可以基于双方主体的平等地位向法院提起给付诉讼。② 尤其是非隶属关系的行政主体之间的请求,一般通过诉讼确认的方式加以解决。

即使行政主体之间的争讼在我国现有的行政诉讼框架内难以安置,但从该角度的积极探索和尝试,对行政法上请求权的关联构造模式的证成,仍旧具有重要意义。③ 国家的返还请求权实现,在税收返还的特别法领域,基于"高权行政"并不难实现;而纳税人相对于国家的返还请求

---

① 详见《最高人民法院关于审理行政协议案件若干问题的规定》第15条、《行政许可法》第69条等。

② 参见汪厚冬《公法上不当得利返还请求权的实现》,《公法研究》2013年第1期,第306页。

③ 前述大理市"征用"口罩等防疫物资,即属此一返还类型的实际发生。

则需要面对重重阻隔,尤其是在我国税务行政诉讼的双重前置制度下,救济的效率和成本显然不成比例。请求权的双向性和平等性,则可为请求权的诉讼外主张,诉讼程序中平等地位和权益诉求实现,提供多重救济保障。

第二节 国家征收权上的返还请求权及其规范基础

尽管税收征管属于公法范畴没有异议,但仍然存在属于经济法还是行政法法域的讨论。税收征管领域的返还请求权,通过行政法上的内容框架进行研究,并未涉及该法域之争。并且,从税务行政诉讼的类型化来看,其亦作为特殊的行政法领域存在。征收行政中的"税"和规制行政中"费",对公民来说均是被动义务的履行,属于耶林内克公法权利理论下的"被动地位"型"权力"[1],被动地位虽不产生公民权利,但可与国家的公权或请求权相关联,如本节负担行政领域国家的征收权。

"税收"和"行政事业性收费"是政府财政收入的主要来源,这是因为国家公共职能的实现,需要足够的财力支撑。近年来,随着依法治国的推进,政府各级清单制度的推行,收费的标准化和透明化得到有效规范和改善,行政事业性"乱收费"现象明显减少;加上"减税降费"政策颇有成效的实施,包括制造业、小微企业和个人所得税在内的税费减免"总额超过2万亿元"[2]。由此,明确负担行政关联领域的返还请求权发生、实现及程序法保障,对行政法治化的稳步推进和"减税降费"政策的有序落实都具有重要价值。

一 税收征收领域的返还请求权形态

根据税收法定原则和法律保留原则,多缴、误缴、骗取及不当减免

---

[1] 除此以外,还有其他积极地位、消极地位和参与地位的类型划分,并分别与受益权、自由和财产权、参与权对应。
[2]《国家主席习近平发表二〇二〇年新年贺词》,《人民日报》2020年1月1日第1版。

税款等属于与国家的征税权相关联的"受利益",因税收征管是广义上的行政征调法律关系的内容,①一方"受利益"法律上原因自始欠缺或溯及消减等,自然构成行政法上的返还请求权。区别于一般返还请求权,前述多缴、误缴税款的返还由《税收征收管理法》《海关法》等特别法予以成文法化,属于特殊返还请求权,②具有优先适用的效力。

该类特殊返还请求权大致有以下几种类型:多缴税款的返还、骗取国家出口退税款的返还、不当减免税款的返还,③以及进出口多征税款的返还等。④多缴税款的返还,如营口市生源房地产公司缴纳"预征土地增值税",交易取消后缴纳税款的法律依据消失,成立返还;⑤ 三亚市鑫海建材公司因残疾员工人数符合"福利企业即征即退"标准返还的增值税;⑥ 瑞安市蔡氏制革公司因税务处理决定违法致使多缴税款的返还;武威金苹果农业公司缴纳税款的退付等。⑦ 骗取国家出口退税款的返还,如襄阳市金港湾进出口公司未退税款涉及"骗取"导致调查重复延长的争

---

① 征调行政、规制行政和给付行政是日本另一主流"行政法律机制论"的类型划分方式,本质上并非废除行政行为形式,而是一种将行政行为纳入制度的分析方案。参见〔日〕山内一夫《地方公務員のための法律講座 行政法》,东京:第一法规出版社1986年版,第111页;黄宇骁《行政法学总论阿基米德支点的选择》,《法制与社会发展》2019年第6期,第152—153页。

② 作为与一般返还请求权的区分,特殊返还请求权用以表述获得法律授权依据而不用通过一般法理确认的返还请求权。参见 F. Ossenbühl, *Staatshaftungsrecht*, 5. Aufl., München: CH Beck, 1998, S. 419ff。

③ 我国《税收征收管理法》第51条规定,"超过应纳税额","应当立即退还",第66条规定,"针对被骗取的税款",税务机关享有行政法上的返还请求权;假借公益捐赠的名义,享受《公益事业捐赠法》第4章第24—27条规定的"优惠措施",则被减免(优惠)的税款(无法律上原因)应予返还。

④ 详见《海关法》第五章关税第63条;《进出口关税条例》第52条;《中华人民共和国船舶吨税暂行条例》第17条;《中华人民共和国海关进出口货物征税管理办法》第59条、第60条。域外如美国《税法典》第6401条规定了时效届满、超出退还、溢缴税款等三种情形下的缴税返还;德国《租税通则》第37条第2项规定了无法律原因或法律上原因嗣后不存在时,缴纳税款的返还;日本《国税通则法》第56条第1项和《地方地税法》第17条,亦规定了超纳或误纳税金的返还。

⑤ 参见营口市中级人民法院(2018)辽08行终265号行政判决书。

⑥ 参见三亚市中级人民法院(2013)三亚行终字第27号行政裁定书。

⑦ 参见武威市凉州区人民法院(2017)甘0602行初23号行政判决书。

议,① 苏州工业园区中辰进出口公司以"真代理假自营"方式骗取退税的返还,② 宁波亿泰公司"违法获得的出口退税"应予追回;上海乾景进出口公司"错填运费导致多缴税款"的返还等。③ 不当减免税款的返还,如无锡尚德太阳能公司借"慈善捐赠"虚开 1500 万元发票实现税款减免等,不胜枚举。④ 尽管上述案件部分还会涉及是否适用主观归责、附加利息,以及时效的起算、经过等一般返还规则上的争议,但其作为行政法返还请求权的特殊构成并无异议。

二 规费征收领域的返还请求权形态

行政事业性收费与税收征收,同与公民被动金钱给付义务相对应,但理论上较少对税、费进行区分,实践中也将之混合作为国家财政收入的共同组成,并因此加剧了行政收费的乱象。⑤ 根据财政部发布的 2019 年上半年全国财政收支情况报告,行政事业型收费收入 2085 亿元,在"减税降费"的大力举措下,较 2018 年同期下降 20.6%,但仍然占有重要比重。行政法上的行政性和事业性收费有很多种类型,⑥ 对其中自始或其后无法律上依据的收费,行政主体无保有该利益的法律上原因,成立行政法上的返还请求权。

上述无法律原因的具体情形表现为:"自始无法律依据"或自定、曲解、违反法律规定等所为的收费,⑦ 实践生活中并非罕见,例如,安阳县

---

① 参见武汉市中级人民法院（2017）鄂 01 行终 720 号行政裁定书。

② 根据细则规定,150 万元以上的除返还以外还须"予以处罚",骗取的"返还"与违法行为的"处罚"二分。参见苏州市姑苏区人民法院（2017）苏 0508 行初 180 号行政判决书。

③ 参见上海市第一中级人民法院（2016）沪 01 民终 3387 号民事判决书。

④ 郝成、叶文添:《尚德"漏税"定案 施正荣商业诚信沦陷》,《中国经营报》2013 年 1 月 28 日第 1 版。

⑤ 王锴教授认为税与费的区分关键在于国家给付的"可归因于个人性",基于收费理由和标准不明确的,个人负担额外成本,国家财政收入税费混合,对于行政法上税费制度的长远发展而言负担沉重。参见王锴《论行政收费的理由和标准》,《行政法学研究》2019 年第 3 期,第 39 页。

⑥ 如土地登记使用许可费、个体工商户管理费、社团企业注册登记费、审批检疫费、附加费和建设费等。

⑦ 王克稳:《经济行政法基本论》,北京大学出版社 2004 年版,第 174—177 页。

国土资源局收取恒欣公司耕地开垦费、社保基金、土地预收款共计94.3万元,根据国家相关政策文件,上述费用或需由市、县人民政府缴纳,或可从征地农民所得土地补偿费、安置补助费中扣缴,国土资源局收取无法律依据,法院得此认定收费行为"属于滥用职权","依法应予返还"①。又如,湖北某法院为解决"人员超编制带来的预算不足",不仅收取原被告双方受理费,立案、判决前后还要交纳费用;②苏州某行政单位收取查询企业登记信息费100元(查询费),后经法院判决确认信息公开申请收费违法。③基层法院离婚案件未涉及财产分割或未达到20万元以上,超出标准收取受理费。④此外,涉企收费中"虚假"服务名义收费、"红顶中介"自收多收、超额强制收费等,同样产生了不良影响,均依法须予返还。⑤

而规制行政中收费自始或其后无法律上依据的返还请求权,在我国行政法领域也具有实体法规范基础。我国《诉讼费用交纳办法》第13条和第14条规定了"案件受理费交纳标准""申请费交纳标准",超出标准收取的费用(该法第3条)即属于"受利益"但无法律上原因;同时该法第15条"减半交纳"、第21条"按照减少后的……计算退还"、第27条"发回重审的……应当退还"、第43条"诉讼费用计算确有错误的""予以更正"等,亦属行政法返还请求权的规范支撑。

我国《行政许可法》第8条规定的生效行政许可"撤回"和第69条规定的违法行政许可"撤销"情形中,被许可人未及时终止许可相关行为,而继续因之所"受利益";第75条规定的实施许可中"擅自收费或者不按照法定……收费的","责令退还";还有我国《行政处罚法》第55条规定的没有依据处罚或者擅自改变种类幅度处罚,以及行政拘留保

---

① 参见林州市人民法院(2016)豫0581行初34号行政判决书。
② 褚朝新、罗婷:《一个超编法院的生存现实》,《当代工人》2015年第6期,第15页。
③ 参见苏州市吴江区人民法院(2014)吴江行初字第0032号行政判决书。
④ 离婚案件每件缴纳50—300元,涉及财产分割只有超过20万元,才按0.5%交纳,根据学者对某基层法院的21起判决书的梳理,违反法律规定收取的情况远超预期。参见方满红《诉讼费用管理制度研究》,硕士学位论文,湘潭大学,2016年,第21页。
⑤ 参见吴学安《治理涉企乱收费须完善收费目录清单制度》,《检察日报》2019年6月5日第6版。

证金在处罚撤销或开始执行时，保证金的返还等，[1] 均属"受利益"但自始或其后无法律上原因的返还请求权规范依据。

第三节　征收领域返还请求权的实现方式及保障

根据实现方式和主体身份的不同，返还请求权可以划分为行政主体型和行政主体相对人型两种。我们借由此两种类型返还实现方式的差异，对比阐释请求权在不同领域的差异化规范框架。

一　行政相对人返还请求权的实现困境

行政相对人对于税费交纳的返还请求权主张，由于缺少程序法的保障，在实现上往往遭遇重重困难。2006年，广州宏新公司收购广东外海公司转让的一处土地，并向国土局和财政局缴纳了相关土地出让金和契税款，后得知受骗，申请返还所缴款项遭拒。由于起初签订的《产权（股权）转让合同》存在欺诈而法定无效，宏新公司并不具备缴纳土地出让金和契税款的主体资格，行政机关"受利益"缺少法律上的原因。然而就是这样一起案情并不复杂的行政法返还请求权实现，一审、二审和再审申请诉求均遭驳回。

而对于多缴或误缴税款等涉及税款的返还请求，在"税务行政诉讼复议和清税前置制度"下，[2] 更难以获得有效的救济保障。对于纳税义务人的争议，《税收征收管理法》设有"复议清税"和诉讼"复议"前置，纳税义务人一方面要面对"高权行政"的征税机关，另一方面还要渡过"复议""清税"的多重限制，加上担心报复性执法，税务行政诉讼案件数量锐减，制度前景并不乐观。2015年《税收征收管理法修订草案（征

---

[1]　行政拘留保证金，在符合法定条件时，公安机关继续保有"保证金"的法律上原因已经消减，相关当事人享有行政法上的返还请求权。详见《公安机关办理行政案件程序规定》第184条。

[2]　我国《税收征收管理法》第88条规定了纳税争议提起诉讼的"清税""复议"双重前置。

求意见稿)》第 126 条拟将双重前置修改为诉讼清税前置,① 尝试取消申请行政复议的清税前置条件,但起诉难度并未降低,加上《行政程序法》的缺位,征收行政领域的返还请求权实现着实令人担忧。

二 行政主体返还请求权实现的多重途径

行政主体是否可以直接作出行政行为要求相对人返还,存在争议。对行政主体具备实体法上行政诉讼原告资格的德国来说,支持和反对的声音都很强烈,以致不得不修订法律以统一裁判观点、平息争议。②

我国行政法对行政事业性收费或其他类型的"利益"返还方式,暂无统一的规范和标准。实践中有行政机关直接以"检察建议"要求不当受益人返还财产,如惠州市某"市政项目工程"中承建单位累加计算同一建设施工内容,在彭某职务犯罪案发后,当地政府以"检察建议"为书面通知文书,要求承建单位返还。也有行政机关通过电话告知、作出"追缴通知书"或多部门联合发文"收回资金通知"的形式要求返还。③如"通知"未能实现预期目的,则行政机关多通过行政强制执行或申请法院强制执行的方式来获得返还,而行政强制执行的适用是否都具有法律授权不无异议。

对于税收征收领域的返还请求权,我国《税收征收管理法》对税务机关采取保全措施和强制执行措施进行了授权,一般通过"高权行政"的方式实现返还请求权,并且为了进一步确保征收权的实现,同时设置了刑事责任为后盾。④ 具体来说,我国《行政强制法》第 13 条规定,"行政强制执行由法律设定",由"行政决定"设定的须向人民法院申请强制执行。因此,符合《税收征收管理法》第 40 条"不缴"或"少缴"的情形,属"法律设定"可通过行政强制执行措施加以实现;而对于征收

---

① 详见 2015 年 1 月国务院法制办公室公布的《税收征收管理法修订草案(征求意见稿)》。
② 争论集中在反面理论和法律保留原则的冲突上,详见"授益行政领域返还请求权"中的相关论述。
③ 袁文峰、郑则丰:《论行政公益诉讼中不当得利的返还方式》,《法治社会》2019 年第 3 期,第 96 页。
④ 详见 2020 年修订《刑法》第 203 条,"逃避追缴欠税罪"的规定。

领域其他类型的返还请求权，行政机关可以通过作出"行政决定"的方式要求返还，在遭到相对人拒绝时，还可以通过向法院申请强制执行的方式予以实现。

三 征收领域返还请求权的特殊考量与规范框架

在税收征管和规费返还领域，与行政主体返还请求权实现多重保障形成鲜明对比的是，相对人返还请求权的重重障碍。行政主体的返还请求权是否均可通过作出行政行为或（申请）强制执行来实现，以及这一做法是否具有实体法上的规范依据等，并不能一概肯定或否定。从域外学说和判例的发展历史来看，争论旷日弥久，一般认为基于"法律保留原则"，未经授权行政主体无权通过"高权行政"的方式要求返还。[①] 并且行政法上的税收和规费返还，与基于授益行政行为给付的"反面理论"前提并不相同，无法获得直接理论支持。再者，我国《行政诉讼法》暂时没有赋予行政主体提起行政诉讼的原告资格，尽管"行政公益诉讼"已经取得阶段性进展，相关理论学说、学者呼吁也逐渐进入人们视野，但目前仍须等待这一时刻的到来，随着实践的需要和制度的不断尝试，新的制度已经越来越近。在此之前，通过一般的《行政程序法》对行政主体作出书面行政行为的方式要求相对人返还进行赋权，则是必不可少的法治行政保障。对相对人返还请求权的实现而言，程序法上保障则更具有紧迫性和现实价值。基于行政法返还请求权的双向性和平等性，行政法规范体系的差别保护，势必减损法治国家的公信力和一体保障的法治要求。[②]

此外，对于部分污染整治、征收补偿前置、建设用地申请领域，非行政协议形式收费返还的认定往往指向"允诺"或"越权"。英国法上即有学者和法官反对使用纯粹私法方法与理由，恢复公法上的财产变动，

---

① Wolf-Rüdiger Schenke, "Öffentliches Recht: Der eilige Polizeikommissar", *Juristische Schulung: JuS*, 1979, SS. 886-887.

② 对于程序法的保障方式、保障内容和保障范围，以及主观过错、附加利息在公法上的衔接适用方法及原则，将在本书其后章节加以详述。

认为返还权的基本问题是付款或收取行为"越权"[1]。征收领域相关实践中，行政机关根据"规制权"先期收取协调管理费、土地整理费等情形较为多见，或认定"行政允诺"符合条件应予退款，如大冶市"五小"企业和重点工业污染整治收取的升级保证金100万元及协调管理费5万元;[2] 或认定"滥用职权"，收费"行为违法"，"依法应予返还"[3]；但亦有垫付土地整理费用的返还，因缺少"文件"支持，而"综合认定""没有事实依据"[4]。因而，除了借鉴德国等《行政程序法》对"受益权"相关领域返还请求权成立的确认，规费征收领域的费用返还，也需要借此加以保障，以期实现对税费征收领域权利救济能力和救济途径的扩展。

---

[1] Law Commission, *Restitution: Mistakes of Law and Ultra Vires Public Authority Receipts and Payments*, Law Com No 227 Cm 2731, 1994, [6.42].
[2] 参见大冶市人民法院（2017）鄂0281行初38号行政判决书。
[3] 参见林州市人民法院（2016）豫0581行初34号行政判决书。
[4] 参见锦州市中级人民法院（2019）辽07行初39号行政裁定书。

第 五 章

新型行政领域的返还请求权类型(二)

第一节 财产权基础上的行政私法活动及其形式

根据公法权利理论"公民地位关系"推论,第一部分公民的被动地位从国家的征收权角度加以论证和阐释,而第二部分的财产权(消极地位),对于处在行政法律关系中的行政主体和相对人都可以适用。对于公民来说,所有涉及财产变动的请求权,无论是否处于行政私法活动中,都与公法权利中的财产权息息相关,因而对分类把握的意义不大,而从行政主体参与行政私法活动的领域区分角度,对经营、采购、拍卖、补偿等多角度的考察,则可以揭示行政私法活动的共同特性和返还请求权发生的共同构成或特征。

一 政府经营活动的典型代表及其市场化运作

根据王克稳教授的定义,政府经营活动是调节市场偏失、服务公共需要的重要手段,也是私法行政活动的重要组成内容。[①] 铁路、水力电力供应等每一项公共服务内容都与我们的生活息息相关。行政主体在经营活动中扮演的角色尽管偏向私法,其所追求的公共目的却始终与私法主体的单纯营利面向有所差别。尽管《邮政法》《铁路法》等法律规范对上述行政活动的形式和范围进行了规定,但是市场化的经营方式,使得行

---

① 参见王克稳《经济行政法基本论》,北京大学出版社2004年版,第124页。

政主体与相对人之间成立的服务合同、买卖合同，进入私法规范的辖域。

《邮政法》第14条对邮政经营业务范围进行了规定，涉及储蓄、汇兑、寄递和邮票出版物发行等，除了第5条国务院规定范围内的信件寄递等"专营"内容，① 多数为市场竞争性业务。在服务资费上，除机要通信、包裹、发行等重要邮政业务执行《中央定价目录》外，② 其他业务资费通过市场"调节价"自主确定。③ 同样，我国《铁路法》第25条，也规定了竞争领域以外的铁路旅客、货物包裹运价率由政府定价或指导定价。近年，我国杭绍台铁路首次民营资本入局，④ 国务院出台政策进一步扩大民营企业市场准入，通过市场化竞争提高运作效率的趋势逐渐呈现。对于前述政府经营活动中返还请求权，部分法律法规也提供了实体法规范依据，如《铁路法》第69条，"多收运费、票款或者旅客、货物运输杂费"返还等。

无论是邮政还是铁路领域，公民与政府经营主体之间一方提供服务，另一方提供对价，所达成交易关系本质上与私法经济活动无差，无法通过"行政法律关系"要件进行解释，反而以民事法律关系为基础进行判别和以民法上不当得利制度进行调整，毋宁更为妥适。

二 政府采购、拍卖的规范化及行政协议形式

2014年修订的《行政诉讼法》将特许经营协议、征收补偿协议纳入受案范围，2015年《最高人民法院关于适用〈行政诉讼法〉若干问题的解释》首次确认并对"行政协议"进行了细化规定。⑤ 此时"行政协议"相关规范，与实践中"合同"式私法行政的形式和范围相比，仍有差距。2019年"行政协议司法解释"的出台，则是在真正意义上确立了"行政

---

① 例如国家机关公文只能使用EMS邮寄。
② 2015年10月21日，国家发改委公布了重新修订的《中央定价目录》。
③ 详见《邮政法》第39条关于"邮政业务资费"的规定。
④ 其中，民营联合体占股51%，中国铁路总公司占比15%，浙江省政府占比13.6%，绍兴和台州市政府合计占比20.4%。
⑤ 以下简称"2015年'行政诉讼法司法解释'"。

协议"的规范框架,①对实现公私法权利平等保护、法治政府建设和职能转变,以及国家治理体系的现代化均具有重要价值。

相比政府经营和政府拍卖,我国已有《政府采购法》规范政府的采购行为,该法第2条明确了"以合同方式有偿取得货物、工程和服务",有偿取得的内容既包括购买、租赁有形产品,也包括委托、雇佣形式的无形服务,采购或说有偿取得货物、服务的方式,都是市场化调配而不是国家主导。加上"以合同方式"有偿取得的私法行为模式指引,政府采购中的权力成分已经越发稀少,公法因素也似乎因此淡出。但是公法权力主体身份在采购活动中的存在,必然使得采购的公共利益追求放在首位,在"合同"因公共利益需要解除的情形下,返还请求权是否成立,仍须结合相对人的信赖利益进行判断。

政府拍卖是追求资源配置效益和公共利益的竞价方式,所拍卖内容集中在资源或资产的使用权、经营权方面。目前《拍卖法》和《拍卖管理办法》暂无针对行政法上拍卖的单独规范,政府拍卖又不同于私法上的拍卖活动,行政机关也不符合拍卖人的"企业法人"身份。以土地出让为例,依据《土地管理法》,土地等国有建设用地使用权出让,竞买人须在《成交确认书》的时效期内,申请签订《国有建设用地使用权出让合同》,该出让合同究竟属民事合同还是行政协议则存在争议。2005年《最高法土地使用权合同纠纷案件司法解释》,"根据《民法通则》《合同法》","结合民事审判实践",更倾向于民事合同认定。土地出让金竞拍价格的确定也是市场行为,支持将出让合同权利义务以民事法律关系进行调节的学者不在少数。②相比之下,《行政诉讼法》"等协议"的用语则预示了另一种选择,2019年行政协议司法解释也确认了"国有自然资源使用权出让""合同"的行政协议性质。

合同上的"合意"并非民事权利义务约定的独占要素,行政协议中也存在。从"出让合同"内容上对双方权利、义务的列举来看,土地面

---

① 该解释对行政协议的范围、管辖、审理规则、法律适用、判决方式等进行了具体规定。
② 参见张海鹏《论国有土地使用权出让合同的民事定性——兼评76号指导案例》,《求是学刊》2019年第4期,第103页。

积、用途、年限等均不存在合意或约定的可能，出让合同的履行、程序也具有强制性，行政机关基于公共利益还享有民事合同中不存在的解除变更权、监督制裁权。审判实践中，最高人民法院和地方高院都有将出让合同定性为行政协议的先例性判决。出让合同究竟属于民事合同还是行政协议，需要从合同中的公法和私法要素角度加以考量，不可偏执某一制度舍弃其他规范的适用可能。在具体案例中，公私法规范的衔接适用，[1] 具有关联体系建构和公私法协作的重要价值。

三 征收补偿活动的行政协议形式

土地征收补偿活动是否可以作为新型行政关联领域的内容，存在争议。因为征收补偿协议既与第一类负担行政活动形式存在差别，也不似第二类财产权基础上的行政私法活动。行政私法活动多将规范适用指向合同法、民法等私法规范，说明其既是行政法上的问题，需要行政协议相关规范的拘束，也有"合意"等私法式的自由表示。针对此争议，结合征收补偿协议所涉及的财产型权利"侵益"，以及行政协议中合意的存在，民事法律规范尤其是合同法的准用等特性，本书将采用行政协议形式的土地征收补偿活动等，作为新型行政领域的具体内容进行论述。行政协议无效或撤销后的返还请求权，可建立起财产型公法权利与征收补偿关联领域规范框架的有效衔接。

近二三十年，中国的城市化发展速度"一骑绝尘"，土地、房屋的征收征用活动也随之增多。征收征用作为城市化建设的重要手段，其法治化也充满了艰辛和坎坷。《国有土地上房屋征收与补偿条例》历经三次补偿方式变革，由单方强制转向合意、共赢的现代化治理模式。[2] 在 2011

---

[1] 相关研究，参见张敏《从行政性、合同性双重视角审视行政合同的延展与规范》，《政法论丛》2018 年第 4 期，第 826 页；陈鑫范、吴明熠《土地使用权出让合同的混合属性解析及其司法救济适用——基于双阶理论的思考与修正》，《北京科技大学学报》（社会科学版）2019 年第 4 期，第 93 页。

[2] 从 1991 年和 2001 年《城市房屋拆迁管理条例》，再到 2011 年《国有土地上房屋征收与补偿条例》的历次变革中，1991 年要求"被拆迁人必须服从城市建设需要，在规定的搬迁期限内……"；2001 年除保留拆迁期限，还规定以"拆迁公告"形式公布而非协议。直至 2011 年，被征收人"补偿协议"的主体地位被赋予，才获得一定程度的谈判机会和议价能力。

年之前，征收征用补偿协议与土地出让合同一样，存在民事合同还是行政协议的公私法域之争，由于行政法上缺少对行政协议具体问题的规范，实践中司法机关更倾向于将补偿协议作为民事合同进行审查。① 2014 年《行政诉讼法》修订，新增"土地房屋征收补偿协议"作为可受理案件形式，② 2015 年行政诉讼法司法解释，正式采用"行政协议"表述。在官方定性和规则细化的基础上，公私法审查异议逐渐消弭。至此，司法实践中针对征收补偿协议的行政协议还是民事合同认定，急剧转向，即使一审已将涉案合同作为民事处理，二审亦转向行政协议性质裁判。③

对于土地征收征用补偿协议的行政法归属，与其前置行政征收行为的关联密不可分。行政征收决定的作出，使公民的财产权被动波及，行政机关与公民之间形成亟待衡平的权利、义务关系，而补偿即是对"征收"引起的财产变动的"恢复"。从补偿协议前置征收行为的属性延伸来看，其作为行政诉讼受案内容，无多异议。另外，从体系的角度考察，土地出让的竞买等市场行为与土地征收补偿中的公权力、补偿金额政府主导等非市场化因素并不相似；同时，征收补偿协议中的价值考量也与民事合同中的私法自治、自由意思表示理念存在差别。

第二节　行政协议无效或撤销后的返还请求权形态

行政协议与行政合同表述用语不同，指向相同。2019 年 11 月最高人民法院发布的"行政协议司法解释"中使用"行政协议"一词，本书沿用官方表述。在这一时间点之前，学术论著以及实务中的一些判决存在

---

① 参见闫尔宝《〈国有土地上房屋征收与补偿条例〉第 25 条分析》，《行政法学研究》2012 年第 1 期，第 90—96 页。
② 2014 年修改通过的《行政诉讼法》第 12 条第 1 款第 11 项规定，公民、法人或者其他组织认为"行政机关不依法履行、未按照约定履行或者违法变更、解除政府特许经营协议、土地房屋征收补偿协议等协议"而提起诉讼，由人民法院受理。这是我国《行政诉讼法》首次对行政协议诉讼作出明确规定。
③ 参见安徽省亳州市谯城区人民法院（2014）谯民一初字第 01302 号民事判决书。该案一审法院将收储合同作为民事合同处理，二审则转向行政合同性质认定。

行政协议与行政合同混用的情形。① 在前述三种类型的行政私法活动中，由于第一类政府经营活动的市场化，相关权利可径直适用私法程序和规范进行救济。如公民在铁路、邮政的参与中，与经营者达成的提供行政服务、公共产品的买卖合同、服务合同，可通过私法程序和规范进行裁判，行政法上也缺少可被援引救济的实体法规范。因而，本部分讨论的重心将集中在第二类和第三类以行政协议为主要形式的请求权救济考量上，除阐明行政主体身份特殊性的影响，还将对返还请求权的具体规范框架进行明确。

一 发生基础：行政协议无效或撤销

行政协议中双方主体处于采购、拍卖、补偿等特定行政法律关系下，具有行政法上的动态权利义务关联。根据行政法返还请求权的构成要件，即"受利益"及受领行为是否具有法律上的原因，判断返还请求权是否成立。行政协议同行政行为一样，其本身即是发生财产变动的法律上原因，而行政协议无效、被撤销或者不发生效力等，即满足须返还所"受利益"无法律上原因的要件。何种情形构成无效、撤销，成为行政法返还请求权是否成立的关键判断要素。

2019 年行政协议司法解释是较为全面和先进的解释，对行政协议无效或撤销的情形、返还规则都进行了明确。在此之前，一般参照合同法中无效或可撤销的规定，判断是否受利益、有法律上原因。例如，在房屋征收补偿协议中确定的"测量面积有误"，多通过参照《合同法》第54 条的"重大误解而订立"规定，申请变更、撤销协议，并在其后通过"不当得利"主张返还。自然，行政协议无效也多从《合同法》第 52 条"合同无效的法定情形"类推而来。②

从 2014 年《行政诉讼法》的"协议"表述，到 2015 年行政诉讼法

---

① 参见江必新《中国行政合同法律制度：体系、内容及其构建》，《中外法学》2012 年第 6 期，第 1159—1175 页。此外，姜明安教授 2002 年公布，并在 2015 年由北京大学宪法与行政法研究中心再次修改发布的《行政程序法（专家建议稿）》也设立了"行政合同"专章。

② 在 2019 年行政协议司法解释出台之前，《民法典》暂未正式颁行，因此补偿协议所参照的依旧是《合同法》上的相关条文。

司法解释"行政协议"规则细化，再到2019年行政协议司法解释出台，行政协议的重要性和规范性不断提升。这也与近年来行政私法活动的增多，基于行政协议形式的管理、规范和互动呈现指数级增长息息相关。2019年行政协议司法解释第12条规定，"重大且明显违法"，"应当确认"无效，民事法律规范中的无效规定亦可准用；第14条规定，"存在胁迫、欺诈、重大误解、显失公平等"，"可以依法"撤销。行政协议司法解释的先进之处，还表现在确认了《行政程序法（专家建议稿）》所应规范而未规范的"一般行政法返还请求权"，至此，至少以行政协议为形式的行政法返还请求权具备了实体法上的规范基础。[1]

二 政府采购、拍卖、补偿等活动中返还请求权

2019年行政协议司法解释第27条规定，"人民法院审理行政协议案件，可以参照适用民事法律规范关于民事合同的相关规定"。现有立法中《民法典》的准用指向，以及"可以参照适用民事法律规范"审判依据纳入，行政法返还请求权已是作为公私法规范衔接适用的"桥梁"，建立起权利救济的体系。尽管私法规范提供了非常重要的"智慧"参照，我们仍然需要持续完善行政关联领域的规范框架，避免公法价值、原则考量的缺失。

以营口市垃圾处理设备采购为例，[2]因供货方延迟交付、设备质量未达要求，根据该市公用事业局、住建委的诉讼请求权，一审法院判决撤销采购合同。合同撤销后，"昊海天际"收取的货款与营口市所取得的处理设备，属于"受利益"且无法律上原因，互负行政法上的返还义务。该案一审法院认定采购合同属"买卖合同"性质，二审确认了一审的合同性质和种类认定。尽管有《政府采购法》《招标投标法》对政府采购行为进行规范，案件依旧作为民事纠纷，适用《民事诉讼法》《合同法》进行裁判，该案判决在所依据法律规范的列举中，只写明《民事诉讼法》，

---

[1] 详见2019年"行政协议司法解释"第15条，关于"行政协议无效、被撤销或者确定不发生效力后"，"因行政协议取得的财产"，"应当判决予以返还"的规定。

[2] 参见营口市中级人民法院（2018）辽08民终1995号民事判决书。

对案件涉及的《政府采购法》和《招标投标法》，则因固有私法裁判限制或习惯而未予援引。此一类型案件完全纳入民事审判、适用民事法律规范，忽视公法上的价值考量和原则规范，极易导致负面裁判效果和影响。

在政府出让土地使用权的拍卖活动中，根据《招标拍卖挂牌出让国有土地使用权规定》《国务院办公厅关于完善建设用地使用权转让、出租、抵押二级市场的指导意见》及《土地管理法》等的规定，政府与竞买人须签订《国有建设用地使用权出让合同》。以华夏集团与乐安县签订的出让合同为例，① 该案合同解除后，已交纳的土地出让价款成立行政法上的返还请求权。随后，出让合同纠纷以民事合同的身份进入民事诉讼程序进行裁判。根据《合同法》第 96 条的规定，符合该法第 93 条"合意解除"和第 94 条"法定解除"情形，主张解除合同时应通知对方，合同在通知到达对方时解除。在华夏公司看来，乐安县国土资源局以合同支付第一阶段的催缴通知为合同解除依据，不符合《合同法》的规定。在乐安县角度，土地出让"作为行政协议性质的合同"，同时受《合同法》和土地管理领域相关行政法规范调整，如《招标拍卖挂牌出让国有建设用地使用权》《江西省城市国有土地使用权出让和划拨管理条例》等，华夏公司一直未足额支付土地出让价款，实质违约，在合同未约定解除方式的情形下，乐安县政府有权依据行政主体的"优益权"② 解除合同，并再次出让。一审二审法院支持这一观点，某种程度上可有效遏制竞买人长期不履行、空置土地、降低土地使用效率等行为，但是我们也看到了行政法返还请求权公私法规范适用所存在的争议。③

该案件时值 2015 年到 2017 年，尽管 2015 年"行政诉讼法司法解释"初步界定和细化了行政协议相关规定，审判中可依据的行政法规范仍旧匮乏，实务也倾向于将之作为民事合同认定。相信随着 2019 年行政协议

---

① 参见江西省高级人民法院（2017）赣民终 512 号民事判决书。
② 行政协议中行政主体的优益权表现及规制论述，参见张鲁萍《行政协议优益权行使的司法审查——基于对部分司法判决书的实证分析》，《西南政法大学学报》2018 年第 5 期，第 3—12 页；黎学基、谭宗泽《行政合同中行政优益权的规制及其法律救济——以公共选择理论为视角》，《南京工业大学学报》（社会科学版）2010 年第 2 期，第 63—67 页。
③ 行政法返还请求权的公私法多重映射，即是前述"共用性"的实证表现之一。

司法解释的出台，同类型案件作为行政诉讼受案内容，在行政关联领域规范框架的过滤下，衔接适用民事法律规范，充分考量个案中的公共利益、相对人信赖利益，具有权利救济体系化和规范化的重要价值。

三 行政关联领域的规范框架和价值衡量

2017年，菏泽曹县杨庄村棚户区改造一案中，[1] 街道办在补偿协议签订后通知被补偿人，协议所涉及两处房产计算错误，须退还12万余元补偿款；此时房屋拆迁过半，新计算后的补偿款不足够被补偿人购置新房。被补偿人拒绝退还补偿款，清河街道办因此提起民事诉讼。该案中，补偿面积、价格、方案，由行政主体一方确定，"补偿款"并没有在补偿协议中约定，而是根据前期政府作出的"限期签订、腾空并选择货币补偿的，按照建筑面积300元/平方米给予奖励"公告，加以确认。尽管此类型案件多作为民法上的"不当得利"问题考察，但从补偿协议性质上讲，其无疑属于行政法上具体关联领域的规范内容，需要对个人信赖利益的有无进行考量。

在江西法院的一则案例中，[2] 经遂川县交通局、水口村委会调查确认，被补偿人房屋底层为"砖木结构"（补偿180元/平方米），拆迁补偿协议达成且履行完毕后，交通局提出，被补偿房屋实际为"土木结构"（补偿100元/平方米），并且被补偿人房屋结构为梯形，实际补偿面积也应减半。由于未能协商一致，交通局等向法院提起诉讼，要求撤销《房屋拆迁协议书》，按照新的标准和面积重新计算补偿款，被补偿人退回多领取的补偿款。该案中，政府就房屋拆迁补偿标准提供的只是指导性的建议，并没有法律强制效力。已经达成的拆迁补偿的协议，包含双方主体的意思表示，如果被补偿人没有欺诈的意图和行为，补偿一方也已经如约履行了补偿义务，那么此时合同或者说协议的撤销，对补偿一方拆迁规划进程的推进，及被补偿人的基于信赖的搬迁计划、生活水准都将

---

[1] 参见曹县人民法院（2017）鲁1721民初2511号民事裁定书。
[2] 《拆迁补偿计算错误，不当得利应予返还》，https://news.66law.cn/a/20180630/84731.html，最后访问时间：2019年8月10日。

产生负面影响。其实，遵守民事契约精神和尊重行政法价值原则同等重要。补偿一方请求法院撤销合同，并非归咎于被补偿人的违约或侵权行为，而更多的是为了弥补其过失行为带来的公共利益损害。因而需要判断争议内容究竟属于"合意"约定有效，还是违反法律法规无效，以及补偿一方主张款项数额有误，是单纯"计算错误"还是实质约定内容变更导致计算结果差异。

对于前者，应从行政法上的信赖保护原则和合同法上的诚实信用原则考察。具体而言，补偿协议中关于房屋是属于"砖木结构"还是"土木结构"的性质认定，补偿一方既然已经作出调查和认定，加上其在补偿标准、计算方式、补偿规划等方面拥有充分主导权，被补偿一方有充分的依据信赖协议中约定的每平方米180元的补偿标准，而其后重新认定标准的大幅降低对被补偿人而言，不具有预见可能。随着房屋征收和拆迁进程的推进，行政主体所享有公共利益为基础的优益权随之限缩，要求撤销合同及被补偿人返还"合意"约定的补偿款，并非没有异议。对于补偿数额计算结果的差异，如果仅是按照协议约定补偿面积和补偿标准计算错误，则多出的补偿款项确无法律上的依据，符合返还请求权成立要件，被补偿人需要返还；而以"房屋梯形结构"为由请求将补偿面积折半，属于对原行政协议约定内容的重大变更事项，从公法上的信赖保护价值和私法上的不得任意变更、解除合同精神出发，即使为保护公共利益进行行政协议的变更或撤销，也应当充分考虑被补偿人的信赖利益而予以损失补偿。

土地或房屋的拆迁补偿中的返还请求权发生，可为我们归纳不同关联领域返还请求权的差异化特性、要素提供重要参考。行政诉讼原告资格主体的单向限制，使得行政机关只能提起民事诉讼。如2018年某市房产局提起的"不当得利"返还请求一案中，[①] 征收补偿协议已经事实履行，其后房产局发现补偿面积测量有误，要求被补偿人退款36万元遭到拒绝。补偿协议无效或撤销，将致被补偿人的获益失去法律上原因，是此类案件返还请求权发生的核心前提。在该案中，除房产局与被补偿人

[①] 《被征收房屋面积测量有误，该退补偿款？》，《人民之友》2019年第9期，第52页。

达成的补偿"合意",协议的签订和履行本身仍有配合行政管理、保护公共利益的考量,主观上无可归责的被补偿人也有值得保护的信赖利益。因而,对于测量错误多发的部分补偿款,虽然可以在合同变更或撤销后退还,但是,基于行政法上利息附加的规则和信赖利益衡量,[1] 需要免除退还补偿款的附加利息,以表示对被补偿人无过错的尊重,以及行政法上基于依法行政款项返还的公共利益维护初衷。

第三节 行政协议中返还请求权的竞合

私法合同无效或者被撤销后,可能产生返还原物请求权、不当得利返还请求权、侵权责任请求权等请求权责任竞合。例如,根据《民法典》"合同编"第985条,"得利人没有法律根据取得不当利益的,受损失的人可以请求得利人返还取得的利益",合同无效或被撤销后,得利人受利益的法律上原因不存在,构成不当得利请求权。[2] 行政协议撤销或者无效之后存在哪些请求权以及请求权的法律规范基础为何,一直存在争议且缺少考察。行政法如何衔接适用民事法律规范,一直是请求权关联构造救济模式的论证核心。由于我国暂时没有制定统一的《行政程序法》,《行政程序法(专家建议稿)》也缺乏对竞合、衔接问题的关注,在2019年行政协议司法解释出台之前,行政法上的返还请求权一般只能通过民事法律规范确立其救济基础,如此时尚未废止的《合同法》第58条、《民法通则》第92条和第61条的相关规定等。2019年行政协议司法解释的出台,不仅为行政协议司法裁判提供了统一的规则,也使相关行政活动的规范性、形式完备性及权利可救济性保障层次提升,更重要的是使行政法上的返还请求权获得了实体法规范依据,作为行政法上请求权在具体关联领域构造的起点和基础,可谓返还请求权制度化、体系化的一

---

[1] 行政法上主观归责和利息附加的规则,详见公私法适用衔接部分的论述。

[2] 《合同法》已于2021年1月1日起废止,原《合同法》第58条规定了合同无效或撤销后的返还请求权和损害赔偿请求权。"合同无效或者被撤销后,因该合同取得的财产,应当予以返还;不能返还或者没有必要返还的,应当折价补偿。有过错的一方应当赔偿对方因此所受到的损失,双方都有过错的,应当各自承担相应的责任。"

小步，行政法公法权利救济体系建构的一大步。

私法上合同撤销或者无效之后的请求权责任竞合，包括返还原物请求权、不当得利请求权及侵权责任请求权等，存在适用优先性的争议。为此，我们将通过对私法上合同与行政法上协议撤销或者无效等效力消灭时，返还请求权的具体发生形态和适用优先性差异，比较论述和阐释竞合、衔接规则。

一 返还请求权与返还原物请求权的竞合

如果受领人所受利益为物，那么在行政协议无效或者撤销后，根据《民法典》第 235 条的规定，"无权占有不动产或者动产的，权利人可以请求返还原物"，原给付方享有返还原物请求权。同时，根据行政协议司法解释第 15 条的规定，"行政协议无效、被撤销或者确定不发生效力后，当事人因行政协议取得的财产，人民法院应当判决予以返还"。此时亦成立行政法上的返还请求权。如果返还客体不是物，而是金钱或者物已经不存在的折价，则根据《民法典》第 157 条 "民事法律行为无效、被撤销或确定不发生效力的法律后果" 的规定，成立请求权的竞合。在《民法典》颁行之前，返还原物和原物不存在基础上的折价返还是通过《物权法》和《民法通则》分别确立的，因而返还原物请求权可在具体个案中发生与返还请求权的竞合。行政法返还请求权作为与民法上不当得利请求权制度平行的行政法上请求权内容，也会发生请求权竞合的情形。

在民法上，即便不当得利请求权 "涵盖范围较返还原物请求权更加广泛"，为何私法学界依旧存在多种请求权竞合以及优先性的讨论呢？[①] 由于物权相比债权一般具有优先性，其返还请求主张并不受过错等主观因素限制，作为债权内容的不当得利请求权 "返还范围则受主观过错的影响"[②]。在域外承认 "物权无因性" 的相关立法和制度中，合同无效或者撤销后，物权的所有权转移变动实际上并未发生。德国法上即是在区分有效还是无效行为的基础上，选择 "未发生" 或 "有效但其后无因"

[①] 杨立新主编：《民事审判诸问题释疑》，吉林人民出版社 1992 年版，第 49—50 页。
[②] 王利明：《民法研究》（第 3 辑），法律出版社 2014 年版，第 238 页。

类型的请求权。①

因此，行政法返还原物请求权是否优先于返还请求权的判定，就在于物权无因性和优先性是否在行政法上同样适用。首先，就物权的无因性而言，由于行政法返还请求权与返还原物请求权并非同义，且行政法上的返还请求权是与民法上不当得利请求权平行的行政法制度，从私法的角度考察，确实存在与返还原物请求权责任的竞合；但在行政协议无效或撤销后，由于我国未采用物权的无因性理论，② 所以仍旧需要从行政协议效力的角度，考察所"受利益"是否无法律上原因或者原因消灭。如此，前述返还原物请求权的争议便置于物权的"优先性"在行政协议撤销或者无效后有无适用的价值上。我们知道，返还原物请求权的优先性只有在物权与债权效力比较抉择时才有意义。例如，私法上返还义务人陷入债务危机（破产），存在多种顺位的请求权待予实现时，基于《民法典》的规范基础及物权的无因性，返还原物请求权的权能优势方得以体现。而就采用行政协议形式的土地出让合同、政府采购合同和土地房屋的征收拆迁协议而言，私法式的行政活动，较少发生"物"由行政主体向另一方主体的转移情形，尤其政府采购合同和补偿协议，均是提供"金钱给付"以购买产品、服务或给予财产损失补偿。即使相对人请求返还原物也不存在行政主体"债务危机"无法实现的可能性。因而仅可成立行政法上的返还请求权。在第一种土地出让合同类型的行政协议中，土地使用权的性质及其转让特殊性，与返还原物请求权上"所有权"是否发生转移的焦点关注并不相同。因而基于前述物权请求权优先性的否定评价，行政协议无效或撤销后，行政法上的返还请求权与《民法典》上的返还原物请求权，并不会出现请求权竞合取舍的争议。

---

① 如果是基于有效的行为而发生，则应通过其后无法律原因的返还请求权恢复财产变动，而如果是基于无效的行为，则因物权的无因性实际未发生转移，通过返还原物请求权来恢复原状。参见〔德〕迪特尔·梅迪库斯《德国民法总论》，邵建东译，法律出版社2000年版，第545页。

② 参见王利明《物权法研究》（第三版）上卷，中国人民大学出版社2013年版，第266—268页。

二 返还请求权与侵权责任请求权、国家赔偿请求权的竞合

根据行政协议司法解释第 12 条第 2 款,"可以适用民事法律规范确认行政协议无效",以及第 14 条"胁迫、欺诈、重大误解、显失公平等可撤销行政协议"的规定来看,行政协议的无效或撤销后返还请求权即告成立。与此同时,"可以适用民事确认无效"的规定,使得行政法返还请求权与依据《民法典》第 157 条"民事法律行为无效、被撤销或者确定不发生效力后"的请求权,第 1165 条"行为人因过错侵害他人民事权益造成损害的"侵权责任请求权,及与依据《民法典》第 462 条占有人"占有的不动产或者动产被侵占"的返还原物请求权,发生竞合。在行政法上,从《国家赔偿法》第 3 条和第 4 条对侵犯人身权、财产权的类型列举,以及第 9 条对前述权益侵犯应当给予赔偿的规定来看,亦发生请求权责任的竞合。[①]

关于欺诈、胁迫是否构成侵权,存在争议。与域外民事法律规范比较来看,德国法上此种过错可能构成"缔约过失责任请求权"或"侵权责任请求权"。英国法上,根据故意或者过失的不同,提出诉讼请求所依据欺诈还是错误陈述也存在区别,[②] 而根据法国《民法典》第 1382 条的规定,视欺诈、胁迫等过错为"侵权责任"的内容。[③] 在我国,根据《民法典》侵权责任构成要件的判断,欺诈、胁迫的情形可成立侵权责任请求权,从而发生侵权责任请求权与行政法返还请求权的竞合。

在 2019 年行政协议司法解释出台之前,民事审判实践一般从《合同法》与《侵权责任法》的请求权竞合中寻找线索,而非现在可以依据行政协议司法解释与《侵权责任法》进行比较和论述。行政协议无效或撤销后的请求权具有行政法上的法律规范依据时,应当优先适用。从行政协议司法解释第 15 条来看,协议无效或撤销后,取得财产应当判决予以返还,不能返还的折价补偿。"取得财产的返还",即为行政法返还请求

[①] 有学者认为《国家赔偿法》因其私法性因素可以作为《侵权责任法》的特定法,但两者在赔偿标准、程序、范围等方面多与民法上侵权规定有所差别。

[②] 参见王利明《合同法研究》(第一卷),中国人民大学出版社 2012 年版,第 645 页。

[③] 《法国民法典》,罗结珍译,北京大学出版社 2010 年版,第 351 页。

权的实体法规范依据。该条规定还对返还请求权不能恢复财产变动秩序时，通过折价补偿予以衡平的方式进行了明确。第15条第2句规定"给原告造成损失的"，应当判决予以赔偿。从赔偿责任的规范基础来分析，既符合《民法典》第179条和第1165条"赔偿损失"的侵权责任请求权，也符合《国家赔偿法》第3条和第4条对侵犯人身权、财产权的类型列举，以及第9条应当给予赔偿的规定，因而，可同时发生行政法返还请求权与侵权责任请求权、国家赔偿责任请求权的竞合。

在行政协议无效或撤销后的请求权竞合中，应优先通过请求权在行政关联领域的规范框架恢复财产变动秩序，在无法恢复时，方以侵权责任请求权或国家赔偿请求权作为补充手段来弥补损失。关于请求权的竞合，一般认为因侵权行为获得利益时发生损害赔偿请求权（侵权责任请求权），即侵权责任请求权与不当得利请求权的竞合，当事人既可以基于损害赔偿法律关系，请求恢复原状；也可以基于不当得利法律关系，请求返还所受利益，二者选择其一行使。若通过某一种请求权已经达到请求目的，其他竞合的请求权"自然消灭"，如果未达到所追求的目的，则其他的请求权可以作为补充"继续行使"。

在因房屋拆迁向政府领取人口救济费的案件中，如果救济费的发放是面向房屋所有权人，那么现住人所领取人口救济费，所有权人究竟主张侵权责任请求权还是行政法返还请求权，即是此理论争议下具体问题的体现。就该领取人口救济费案例，如果救济费的发放是为了弥补现住人的利益损失，所有权人自无权利可请求现住人返还，否则的话，所有权人可以优先选择行政法返还请求权求偿其权益。

第四节　行政协议返还请求权的双阶审查与统一

以行政协议为主要形式的政府采购和行政补偿领域，实践中较为突出的问题是裁判私法指向和公法规范框架的欠缺。德国为避免国家借助私法脱离"依法行政原则"拘束，并使得公法权利保护陷入被动，发展出了对公权力行为与私经济行为进行分段阐释的"双阶理论"①，将特许经营中的行政许可行为、政府采购中的招投标行为与行政协议本身分离。但公私法问题分层考察，不管是"利益说"还是"主体修正说"，② 实际上都在加强公私法对立而非合作。因此，学者也在不断反思第一阶段、第二阶段的多重逻辑关系冲突，如前阶段行政行为作为协议履行的生效要件和法律基础，前后阶段瑕疵借鉴民法"无因性理论"的"非同一性"进行区分等，③ 而这也正是双阶理论逐渐获得认可的关键所在。

在此背景下探讨行政协议上返还请求权的实现，不仅可以拓展双阶理论在行政法上的应用，亦可进一步从分层考量回馈行政法权利救济体系的完善。具体来说，借助双阶理论可以更清晰识别返还请求权发生的具体关联领域，即将作为生效要件和法律基础的行政行为瑕疵，与行政协议中合意、平等关系的一方或多方过错相区分；最后通过请求权关联体系，综合决定返还内容、返还范围等具体法律效果。这一方面可以缓解行政协议裁判的私法指向和行政行为审查的缺位，另一方面也能促进行政协议实践应用中，以请求权关联构造为基础的公私法要素衔接考量。

以"芜湖市人民政府与中铁上海公司诚信保证金返还案"为例，④ 中铁上海公司根据芜湖市管委办发布的《诚信制度》，与市港航管理局代理处签订了《诚信保证合同》，并支付投标诚信保证金600万元，后代理处通知中铁上海公司违反《诚信制度》第4条第25项，投标诚信保证金不予退还。一审法院认为，政府决定不予返还是"履行诚信合同中约定的权利"⑤，二审法院更正为虽是"民事合同的外在形式"，但实质为"招投标活动"和"监督管理"，未经《行政处罚法》"申辩、听证程序"须予以撤销。⑥ 一审、二审不同认定与行政协议的公私法混合属性不无关

---

① 严益州：《德国行政法上的双阶理论》，《环球法律评论》2015年第1期，第90—92页。
② Hartmut Mauerr, *Allgemeines Verwaltungsrecht*, 18. Aulf., München: CH Beck, 2011, § 3 Rn. 10-13.
③ 程明修：《公私协力法律关系之双阶争讼困境》，《行政法学研究》2015年第1期，第11—14页。
④ 参见中华人民共和国最高人民法院（2017）最高法行申442号行政裁定书。
⑤ 参见芜湖市中级人民法院（2015）芜中行初字00028号行政判决书。
⑥ 参见安徽省高级人民法院（2016）皖行终197号行政判决书。

系，在双阶划分和审查之外，新型行政领域的"合同"究竟是私法式协议，还是行政管理活动内容，界限并不清晰。该案再审申请中，实质上即是运用了双阶理论进行裁判，前置《诚信制度》第 5 条的单方决定条款及其行政管理属性，正是后阶段《诚信保证合同》强制、非合意内容的存在基础和原因，因而前置行为的合法性对返还实现具有决定性影响。

再如"山西灵石公司、北京正和公司特许经营行政合同案"①，应当公开招标的"垃圾焚烧发电 BOT 项目"长期从固定来源采购，违反了《政府采购法》第 31 条、第 37 条的规定。招标行为的无效，导致后阶段"BOT 项目特许经营协议"缺少生效要件和基础。但彼时行政法缺少相关规范，通过双阶划分及责任的明确，衔接适用《民法典》第 157 条"民事法律行为无效、被撤销或者确定不发生效力后"的"返还"的规定，对案件的公正裁判，无疑具有重要推动作用。

透过案例不难发现，双阶理论在行政协议权力要素识别及对作为协议生效、法律基础的前置行为判断上具有独特价值，亦能避免司法实践中单向侧重可能导致的裁判统一性问题。行政协议返还请求权恰好揭示了双阶理论的另一种可能，即行政行为违法导致行政协议无效、返还，与行政协议履行中过错归责的判定，均是返还请求权的成立基础；公法上的违法判定和私法上的过错证成，究其本质，正是"主观归责的行政法价值考量及适用方式"的核心旨意。因而，双阶审查与主观归责适用方式的结合运用，更为公法权利行政法救济实践的有益拓展。

---

① 参见安徽省高级人民法院（2019）皖行终 522 号行政判决书。

第 六 章

授益行政领域的返还请求权类型(三)

与受益权关联的行政法返还请求权发生,主要有行政行为无效、撤销、废止及条件成就等几种类型。行政行为违法并不致必然撤销、废止;即使合法的附款行政行为也可因条件成就而失去效力,成立返还请求权。[①] 行政法返还请求权的受利益、无法律上原因等要件,也可以通过请求权与关联领域的类型化,实现规范的无缝衔接和适用。根据"无法律原因"存在的特定授益关联领域,所划分的授益行政行为的无效、撤销、废止或条件成就等类型的返还请求权,可以揭示"违法但非无因""公共利益与个人信赖利益冲突"等深层次影响返还请求权判断和行使的特殊考量。请求权规范框架在特定领域的明确,对公法权利行政法救济体系的建构而言非常有必要。

第一节 发生基础:行政行为无效、撤销或废止

公民的受益权与国家的给付义务对应,与授益行政领域相关联。请求权与具体关联领域的衔接,将有助于我们更好地把握其形态和特征。授益行政的给付内容主要包括金钱和可分物两种。根据德国《行政程序法》第48条第2项的规定:"提供一次或持续金钱给付或可分物给付,

---

[①] 本书在部分语境中会使用"返还请求权"一词,旨在避免重复使用"行政法返还请求权"一词的冗余。

或是以给予该等给付为前提而做成的违法行政行为……"可知德国授益行政行为下的金钱或可分物给付返还，具有程序法上的规范基础。"可分物"一词在行政法上并不多见，① 在民法上讨论较多，如在多数人之债和共有物分割制度中，根据物的可分性与否判断成立按份债务抑或连带之债。

行政行为无效是较为特殊的一类构成，无效行政行为自始无效，所以其财产变动的法律原因可视为自始不存在。行政行为无效与行政行为撤销、废止或条件成就，在返还请求权的成立判断上没有本质差别，均源于行政法律关系下财产变动的无法律原因性。德国《行政程序法》建立的"公法返还请求权"制度，正是以行政行为撤销、废止或条件成就为基础。当授益给付法律上原因不存在或消减时，需要对已受领给付是否应返还，及返还范围和返还方式为何进行考量。行政行为条件成就，多存在于行政附款行为中，如受益人履行负担义务作为授益行政行为作成的附款，在受益人未履行义务时，授益行政行为须得全部或部分撤销。此种情形下，行政主体所撤销的是合法行政行为，违法行政行为撤销并非唯一成立返还请求权的行为形式。

一　行政行为无效的认定标准

行政行为无效，是因具有特定瑕疵而自始排除其法律效力的情形。是否赋予人们天然的无效抗辩权以及行政行为无效决断力，历来为学界所争议。② 在我国制度规范和司法解释中，逐渐倾向于对无效情形进行明确性列举，在遭遇"判断困难"时仍不免回溯一般行政行为无效的法理进行认定。③ 德国《行政程序法》，采用列举方式规定了六种行政行为无效的情形，如"虽已书面作出，但作出的行政机关却未表明该行为由谁

---

① 可分物，指经分割而不损害其经济用途或降低其价值的物。参见《中国大百科全书（法学）》，中国大百科全书出版社2002年版，第628页。

② 参见余凌云《行政行为无效与可撤销二元结构质疑》，《法治论丛》2005年第4期，第71页。

③ 我国的"行政行为无效"认定标准可前溯至民国时期对日本理论的引进。参见钟赓言《钟赓言行政法讲义》，法律出版社2015年版，第85页。

作出","根据法规,行政行为仅可以书面方式作出,而未交付文书的",行政机关"未得到授权"在"权限之外作出的行政行为","基于事实理由不能实施的行政行为","行政行为的完成以违法行为为要件,该违法行为构成犯罪或罚款事实要件","违反善良风俗"等。

无效行政行为,从形式上来说与非无效行政行为具有相同的形式,只是其具体行为的内容和效力,因明显且重大的瑕疵而不被法律所认可,基于法律秩序的稳定性,对其效力采取自始否定的态度。毛雷尔在其经典著作《行政法学总论》中指出,行政行为即使存在瑕疵,也因法的安定性原则而效力存续,除非行为达到"明显并且重大瑕疵"的程度,则可根据"实质正当性原则"认定其无效。[①] 我国 2015 年起施行的修订《行政诉讼法》第 75 条明确了"确认无效之诉"的新判决类型,尽管无效行政行为作为基础概念受到很多学者的质疑,[②] 实体法上的明确,使得学者争议的重心不再集中于"是否",而是转向"如何"建构我国的行政行为无效制度。

关于行政行为无效认定的一般标准,有"明显瑕疵说"和"重大瑕疵说"等,"重大且明显瑕疵说"是日本的通说,源于对德国制度和理论的继受,并为实务裁判所吸收。根据行政行为所欠缺法定要件的性质和程度不同,瑕疵一般有重大瑕疵、中度及轻度瑕疵、轻微瑕疵的划分,在对中轻度瑕疵的认定和处理上,行政行为补正、更正的应用更为妥适。而对于何种瑕疵足以构成重大且明显,则无论学者所推崇的"须在某程度上犹如刻在额头上般明显",抑或"外观上一见即明显说",[③] 在具体的案件和事实判断中仍不免分歧。

总体上,学者赞同从两个方面对重大且明显的瑕疵进行考察,以期在制度和实践中获得更为统一的判定结论。首先,以一般人或说"平均理性人"判断为标准。个人认知的主观性往往导致瑕疵判定结论的差异,尤其是对行政行为作出机关的工作人员和行为相对人而言。同时也不以

---

① [德]哈特穆特·毛雷尔:《行政法学总论》,高家伟译,法律出版社 2000 年版,第 251 页。

② 黄全:《无效行政行为理论之批判》,《法学杂志》2010 年第 6 期,第 134 页。

③ 参见[日]最高裁判所 1961 年 3 月 7 日判决、最高裁判所民事判例集 15 卷 3 号第 381 页。

受过法律专业训练者的认知为判断标准,因为这对大部分公众而言,不具有一般的期待可能性。其次,对是否构成无效行政行为究竟从严认定还是宽松解释,则需要从重大且明显的实质出发,展开"具体价值衡量"①。司法裁判中对是否构成重大且明显瑕疵的判断,仍然围绕行政目的、公共利益、相对人和第三人利益的冲突和取舍,实质上并没有脱离一般法理上的价值衡量。"具体价值衡量"对置于具体个案事实和框架内的利益各方,可进行法安定性的同等考量和说明,对无效与否的可接受性和请求权规则明确都有正面意义。

二 行政行为撤销的"违法性"与特殊考量

撤销是对成立且生效的行政行为的否定,其结果是受利益的法律上原因消灭,成立行政法上的返还请求权。根据德国《行政程序法》的规定,违法授益行政行为的撤销包含三个关联部分,第一是提供授益的给付决定,第二是撤销授益的撤销决定,第三是请求相对人返还溢领金额的返还决定,这也是不同行政领域请求权的差异化形态和特征的体现。授益行政行为撤销后的返还请求权,在返还基础和返还方式方面都与其他领域的请求权存在差异。违法行政行为并不当然无效,财产变动是否具有法律上原因需要加以细致辨别。一般认为,行政行为的"违法性"(Rechtswidrigkeit)与"有效性"(Wirksamkeit)并非一一对应关系,成立且生效的行政行为,因其"一经作出即具有公定力"②,其效力在行为本身未经撤销之前持续存在,是财产变动的法律上原因,对返还请求权的成立具有否定意义。

我国《行政诉讼法》第70条,从证据、法律适用、程序、权限等几个方面,对行政行为违法撤销的基本类型进行了概括和列举。在进入诉讼程序之前,根据依法行政原则的要求,行政主体需要依职权主动对违法行政行为进行撤销,基于受益权关联的授益行政给付属性,即使行政

---

① [日] 芝池义一:《行政法总论讲义》,东京:有斐阁2006年第4版补订版,第162页。
② 柳砚涛:《行政行为公定力质疑》,《山东大学学报》(哲学社会科学版)2003年第5期,第151页。

行为违法,仍可因个人信赖利益而产生撤销阻却,"依法行政原则"和"信赖利益保护原则"之间产生了一定程度的冲突。信赖利益保护原则对授益撤销的阻却,不包含两类否定信赖利益存在的情形,一是信赖不值得保护;二是信赖利益不具有易于判断的相对于撤销所维护公共利益的优先性,后者尽管不能产生撤销阻却效果,信赖利益本身仍须通过补偿等其他手段加以弥补。易言之,在信赖利益保护原则排除适用的情形下,行政机关可径直依职权撤销违法行政行为,受益人所取得金钱或可分物失去法律上原因,负给付返还义务。

三 行政行为废止的"合法性"及"负担义务未履行"

在法国法上,根据行政行为"是否溯及失效"区分撤销和废止,如果溯及既往的失去效力,就称撤销,反之则称为废止,因而合法行政行为也有撤销和废止的区分。① 而根据德国《行政程序法》第49条的规定,行政行为的撤销与废止,分别与违法和合法的行政行为相对应,与前述法国法上的划分存在差异。根据我国《行政许可法》和《行政程序法(专家建议稿)》的用语来看,撤销一词在应用上与德国一致,唯有合法行政行为效力消减使用"废止"还是"撤回"存在争议。学者在论述合法行政行为并使用"撤回"一词时,仍不免加注括号对撤回作废止解释,并且认为撤回与废止同义,仅"不同国家、地区或学者对同一法律现象的不同称呼而已"②。本书将采用"废止"表述而非"撤回",我国《行政许可法》第8条,在表述行政许可依据的法律法规效力消减时,使用"废止"一词。不过在随后对应表述行政许可效力消减时,使用了"撤回"一词,这里我们认为立法者的差别使用,是同一语境下对法律、法规和行政许可效力消减所做的不同修辞,并无意使用"撤回"一词来进行区分,因为法律法规与合法行政行为均表达一种规范效力,其差异更多地表现在形式或效力位阶上,不存在用语区分的实质差异。我国行政法学者多次修改、倾力撰写的《行政程序法(专家建议稿)》第164条、第165条"行政处理的废止"

---

① 参见王名扬《法国行政法》,中国政法大学出版社1988年版,第167—171页。
② 杨登峰:《论合法行政行为的撤回》,《政治与法律》2009年第4期,第59页。

"废止的后果"条款，明确使用"废止"一词，也从某种程度上代表和表达了学界对合法行政行为效力消减用语的选择。

在废止与合法行政行为的对应关系下，因"合法授益行政行为原则上禁止撤销或废止"，授益行政废止是否成立返还请求权不无疑问。有学者认为，行政行为废止多源于法律法规或国内国际形势的重大变化等，具有明显的客观性特征，因而区别于行为撤销效力的既往溯及，行政主体对废止之前的授益给付不得请求返还，受益人已履行的负担义务也不能要求补偿。根据德国《行政程序法》第49条第2项的规定，合法授益行政行为大致在具有以下情形时可以全部或部分废止：法规准许、行政机关保留废止权、受益人未履行所负担义务、"所依据法规或事实事后发生变更，不废止将危害公益"等，合法的非授益行政行为的废止不受此限。由此观之，域外立法将"受益人未履行所负担义务"作为一类废止诱因与法律修改、国内国际形势重大变更并列，在客观情势变更之外，增加对主观可归责的受益人保有利益的正当性的否定，这也正是授益行政行为废止与返还请求权成立的直接联系所在。在合法行政行为中，行政主体基于特定目的提供金钱或可分物给付，受益人未履行所负担义务，或者有其他违反行政行为所确定的目的的行为，如给付未用于或不再用于行政行为确定的目的的情形时，合法行政行为亦得溯及全部或部分废止，受益人在财产变动中增加的部分法律上原因消减，行政主体的返还请求权成立。

第二节 信赖利益保护原则与比例原则的应用

信赖保护原则与依法行政原则在授益行政撤销以成立返还请求权的判断上，存在分歧。基于信赖利益保护原则，对依法行政原则"撤销"的阻却，使得返还请求权的成立基础消灭。与此同时，若请求权存在值得保护的信赖利益，仍然坚持撤销，信赖保护原则可以作为部分返还或损失补偿的支撑依据。德国《行政程序法》规定了信赖排除的情形，以更好地应对是否撤销、返还的判断，但是个案中仍不免对信赖利益保护与公共利益维护的冲突进行抉择。而所对应信赖保护原则和依法行政原则,本身并不能提供孰优孰劣的判断;基于此,比例原则对综合影响因素的考量,及基于个案的情景化裁量、裁判,可以提供相对优化的撤销、返还策略,避免公共利益对个人信赖利益的过度侵蚀,也可为确立具体关联领域的请求权的规范框架奠定基础。

一 依法撤销与信赖保护阻却

违法行政行为是否须得撤销,合法行政行为是否因废止或条件成就而溯及既往效力消灭,是授益行政领域返还请求权成立的关键因素。我国《民法典》第985条"得利人没有法律根据取得不当利益的"不当得利规定,明确了私法上返还请求权的受利益、无法律上的原因要件。相比《德国民法典》以专章规定不当得利,并在一般条款之外对具体不当得利类型进行进一步规范,略显简洁。行政相对人因授益行政行为所为给付而获得利益时,行政行为本身构成受益的法律上原因。因此,授益行政关联领域返还请求权的成立,即在于行政行为本身是否因违法或其他情形而被撤销、废止。

我国《行政许可法》第69条,规定了基于依法行政原则对违法行政行为进行撤销,同时基于信赖保护原则,对撤销予以限制或撤销后对受益人进行补偿。同时,从该条第2款、第4款"应当予以撤销""取得的利益不受保护"的立法条文来看,只要受益人有过错就没有"返还"的余地。简单来说就是"违法撤销""信赖保护"非此即彼,但是这一模式在真正的行政司法实践中,却难以应用,因为撤销的前提是行政许可决定"违法",行政主体对撤销本身具有一定的可归责性,如该条第1款所列举的滥用职权、违反程序等情形。因而,单一根据主体进行"非此即彼"的划分,难以指导混合过错类型的执法实践,[1] 撤销的结果也容易偏离其所追求的行政目的,并由此带来了返还请求权成立的判断难题。

以益民公司诉河南省周口市政府等行政行为违法案为例,[2] 1999年4

---

[1] 陈思融:《混合过错情形下行政许可信赖利益的保护可能性》,《行政论坛》2014年第1期,第52页。

[2] 参见《益民公司诉河南省周口市政府等行政行为违法案》,《中华人民共和国最高人民法院公报》2005年第8期。

月，益民公司在没有燃气经营资格的情况下取得了营业执照（燃气经营权违法），2000年7月，原周口地区建设局批复授予益民公司管道燃气专营权。随后，益民公司根据先后取得的批准文件，在周口市川汇区建成燃气调压站并在该区的主要街道和部分小区实际铺设了燃气管道。2003年5月，市计委和市政府根据建设部272号文"公用行业应当通过招标方式确定经营者"的政策要求，在未对益民公司的燃气经营权进行处理的情况下实施了招标并确定了新的天然气经营者，也即益民公司虽取得燃气经营权却不合法，存在过错，但该经营权随后得到行政机关追认，并且实际铺设了燃气管道。那么，是应对益民公司适用"存在过错""不受保护"的规定，排除其信赖利益，径直撤销；还是应考量其"得到行政机关追认，并且实际进行了铺设和投入"，即使撤销，仍不否定行政机关受利益、无法律上的原因的返还义务履行？以及对撤销益民公司专营权所涉及的信赖利益进行重新审视？

二 个人信赖利益与公共利益保护的冲突和抉择

返还请求权是否成立的抉择，本质在于授益撤销或废止"依法行政原则""信赖保护原则"的冲突，也即源于公共利益与个人信赖利益保护重叠的取舍。但原则自身，却无法给出利益衡平抉择的"标准"答案，进而也就无法建立行政法上的返还请求权成立与否的稳定预期。因为，根据依法行政原则，违法行政行为须得撤销，根据信赖保护原则，受益人因信赖行政行为所为给付而阻却撤销或至少须予合理补偿，并且依法行政原则与信赖保护原则均源于宪法上的"法治原则"，并无位阶高低之分。

具体来说，受益人已经消费所受领金钱给付，是否可以以此为信赖依据，对抗依法行政原则所要求的撤销和返还呢？德国《行政程序法》第48条第2项第2句，确认"于'已消费'及'作成难以回复之财产处置'两种情况下，推定受益人之信赖利益较公益更值得保护"。在我国，一般情况下，相比公共利益的维护，个人信赖利益难以被优先考虑。即便不考虑也难以寻得"补贴款"消费存在信赖的证据，主观价值判断基础上的信赖利益保护，在缺少统一认定标准和裁量技术的情况下，总难以得出一致结论。

德国联邦行政法院早在 1966 年的判决中,[①] 已经论及该类公法返还请求权,阐明撤销或废止所欲维护的公共利益与个人信赖保护利益的冲突和抉择,是决定返还请求权是否成立的关键。[②] 为此,德国《行政程序法》第 48 条对信赖"需要保护"和"不得以信赖为依据"的情形进行了列举。我国在相关立法完善之前,对信赖利益是否足以阻却返还、部分返还等各种情形下的判断进行明确,并为下一步请求权关联构造、救济体系的建立提供方向,具有重要的现实意义。这不仅因个案情形远比想象中复杂,更源于即使立法亦天然随附一定滞后性。

在"饭垄堆公司国土资源行政案"中,[③] 2006 年 1 月,中信兴光公司通过转让取得红旗岭矿采矿权,由湖南省国土厅颁发许可证。2006 年 3 月,饭垄堆矿业有限公司通过挂牌出让方式取得饭垄堆矿的采矿权,郴州市国土局核发《采矿许可证》,五年后该证到期,湖南省国土厅颁发许可证对采矿权予以延续和追认。由于红旗岭矿与饭垄堆矿存在矿区垂直投影重叠,国土资源部要求"在许可证有效期内解决重叠问题,否则不再予以延续"。中信兴光公司的采矿权取得在先,国土资源部根据中信兴光公司的复议申请决定撤销饭垄堆矿业有限公司的《采矿许可证》在后。该案中饭垄堆公司最初所取得的《采矿许可证》由湖南省国土厅委托郴州市国土局核发,违反了《矿产资源开采登记管理办法》第三条"不得再行授权"的禁止性规定。并且该案所涉及的重叠采矿权由中信兴光公司在先取得,国土资源部撤销饭垄堆公司的采矿权本无异议。但该案既有多头发包、管理水平不高、矿业秩序混乱的历史遗留问题,又有被许可人的信赖利益保护与撤销的冲突问题,同时还存在多种复议结论及多

[①] BverwGE 25,72(81f.).

[②] 根据近年学者的研究意见,普遍认为信赖不值得保护和信赖利益并非显然大于撤废所欲维护的公共利益,是两大导致"行政行为撤销溯及既往失去效力"的类型,成立行政法上的返还请求权。尽管不无争议,尤其是要求信赖利益显然大于撤销所欲维护的公共利益,判别标准难以统一。但类型的抽象和明确,对于我们把握行政行为撤销或废止后返还请求权是否成立,仍具有重要意义。

[③] 参见最高人民法院(2018)最高法行再 6 号行政判决书。

种可供选择的处理方式,在此种情形下,"概无例外"撤销是否真正"依法行政"？基于公共利益仍然坚持撤销,个人信赖利益的考量,是否至少决定了返还请求权仅部分成立的基础和依据？尽管返还请求权是撤销的随附效果,而前置各要素的公平、法治,是返还请求权确立的根基稳定性的重要保障,因而在个案中参酌具体情形调和公共利益与个人信赖利益的冲突,需要一种冲突衡量的技术,至少填补《行政程序法》制定前的空白。

三 比例原则于撤销、废止判断及利益衡平中的应用

针对前述疑问,比例原则可以提供一套情景化的应对策略。是否撤销、返还,涉及对个案中公共利益和私人利益的衡量和取舍,我国目前立法实践和理论研究对"何取何舍"关注不够。举例来说,即使撤销,也有全部撤销和部分撤销的程度区别,现有"违法撤销""信赖保护"的二元判断,倾向"全有或全无",无法根据个案情形、过错程度等,给出"目的与手段最佳"的取舍和判断。而这将给行政法返还请求权成立的稳定性带来负面影响。早在21世纪初,姜明安教授就提出"用比例原则和信赖保护原则补充依法行政原则,限制政府滥用权力"[1]。为了作出适度、均衡的裁量和审查,在是否撤销的判断中,需要充分关注冲突利益的平衡,甚至可以突破既有的时效制度,创造性地通过"溯及失效"和"返还时点"的确定,在僵化的制度规定和鲜活的法律实践之间寻找平衡。

我国行政立法中尽管没有明确"比例原则"的地位,但一方面,学者对比例原则制度应用价值的挖掘从未停止,例如,"将比例原则作为裁量基准制定的重要内容"[2],应用比例原则分析行政行为的正当性和法院裁判推理的公正性,[3] 及拓展比例原则在"捍卫私法自治""推动民法理

---

[1] 参见姜明安《新世纪行政法发展的走向》,《中国法学》2002年第1期,第61—72页。

[2] 参见周佑勇《裁量基准的正当性问题研究》,《中国法学》2007年第6期,第22—32页。

[3] 参见湛中乐《行政法上的比例原则及其司法运用——汇丰实业发展有限公司诉哈尔滨市9规划局案的法律分析》,《行政法学研究》2003年第1期,第69—76页。

念和制度更新"领域的应用等;① 另一方面,在越来越多的官方政策和纲领性文件中,已经可以寻得"比例原则"理念的踪影。如国务院在2004年《全面推进依法行政实施纲要》中要求"采取的措施和手段应当必要、适当","避免损害当事人权益";在2010年《关于加强法治政府建设的意见》中要求"行政执法机关处理违法行为的手段和措施要适当适度";在2015年《法治政府建设实施纲要》中要求"细化、量化行政裁量标准"等,均直接或间接地体现了比例原则的精神和理念。

以实践中较为多发、棘手的问题,且缺少既有法律制度规范的混合过错中的返还请求权为例。在前述"益民公司诉河南省周口市政府等行政行为违法案"中,益民公司最初因无燃气经营资格,导致虽取得"燃气经营权"但违法;周口地区建设局在一年后批复授予益民公司管道燃气专营权,却在未处理益民公司专营权的情况下招标确定了新的天然气经营者。在招标过程中,市计委作出《招标方案》、发出《中标通知书》及市政府作出54号文件的行为亦存在适用法律错误、违反法定程序之情形。因而,双方均存在过错而被苛责。我国《行政许可法》关于"违法撤销"的规定中,并没有明确混合过错情形的责任形式和责任后果;行政实践针对违法授益撤销又倾向"撤销为原则",且作为授益撤销后行政法上的返还请求权制度亦属空白。

除此以外,如果违法撤销的结果是因双方过错的偶然结合而导致,则存在撤销对一方不公正的情况。从法理角度,无论行政机关还是相对人要无可归责,才能行使撤销或要求返还,此即法国法上"不同任何人援用其自己可耻之行为,而有所要求",及英国衡平法上"入衡平法院者,须有洁净之手"所言之意涵。至此,混合过错中的返还请求权似乎落入与"不洁净之手不得有所要求"相悖的窠臼。② 德国针对授益撤销后

---

① 郑晓剑:《比例原则在民法上的适用及展开》,《中国法学》2016年第2期,第143页。
② 一般认为混合过错需要缓和的依据和基础是"信赖利益保护",但其核心依据更应是利益衡平和过失相抵。因为如果双方均存在过错,"违法撤销"和"信赖保护"可能同时成立,一方可以依据相对方过错主张免除己方不利益。一律撤销或信赖全部保护均难以保障公正,而比例原则的应用可以充分考量过错程度、补正可能、公私利益冲突、行政效果、影响范围等,并通过"目的与手段最佳"的多重筛选,提供更好的授益返还方式和策略。

的返还请求权问题有较为具体的规定,但我国针对该问题的理论研究刚刚起步,制度和规范仍属空白,进而导致认定标准和应对措施的缺乏和不统一,司法实践难以应对自如。①

比例原则可以在公平责任承担方面起到不可或缺的指导作用,这对法律秩序的稳定和受益人权利的保障来说非常重要。尤其是其"适度、均衡"的理念,② 目的与手段相匹配的分析框架,适当性原则、必要性原则和相称性原则的审查技术,可以为授益撤销、废止返还请求权成立的实质正义追求和实现,提供不可或缺的理论支撑和实践基础。

具体来说,是否成立返还请求权的第一层即为,基于依法行政原则的"违法撤销"和基于信赖保护原则的"信赖保护"角力,"违法撤销"多数可以径直返还,唯有在信赖值得保护的情况下进行第二层判断,即撤销所欲维护的公共利益与个人信赖利益之间的取舍。在公共利益与个人信赖利益的取舍判断方面,透过域内外实践经验、制度规范,容易发现其中对公共利益的角色定位的过度解读,加上"公共利益"本身判断标准的模糊性,同案不同判的现象时有发生。比例原则恰好可以辅助细化公共利益优位的判断。其一,公共利益在个案中应具有具体的紧迫性,而不能是抽象的一般的公共利益,否则只要是违法行政行为必然侵害公共利益,反而使冲突判断虚置。比如建设规划许可的高度或选址,忽略了对国防军事安全的考虑,则撤销所维护之公共利益便具有紧迫性。其二,要求个人信赖利益"显然大于"公共利益并不合理,③ 只要公共利益不具有显著性和优势地位即可,否则个案中几乎无法认定信赖保护。域外法治发达国家中,"受领之给付已经消费殆尽"也作为信赖行为进行保护,若设定为"显然大于",不但加剧行政相对人的劣势地位,对行政权

---

① 如携程家电商场代办申领并垫付补贴资金339.6万元,财政局向其拨付166.2万元,拨付资金中部分存在"通过多次复印销售发票、伪造销售发票以及多次复印农户身份证和户口本等方式向财政部门虚假申报补贴"的情况。制度的空白限缩了法官的手脚,只能以"非行政审判权限范围,本院不予评判"为由草草结尾。参见衢州市柯城区人民法院(2016)浙0802行初203号行政判决书。

② 王名扬、冯俊波:《论比例原则》,《时代法学》2005年第4期,第21页。

③ 例如规定"受益人之信赖值得保护,且其信赖利益显然大于撤销所欲维护之公益"时,行政行为"不得撤销"。

威、行政公信力亦有负面影响。其三，公共利益已作为信赖是否值得保护的判断，不应再作为返还多少、是否减免的"程度"判断。即通过公共利益初步确定何种信赖保护的方式更符合最佳的目的与手段，"但却不能仅因公益较之于信赖利益更值得保护而减少或免除损失补偿"，减少或免除多少的"程度"判断，应是基于违法程度、过错程度、影响范围、可补正程度等多种因素的综合考量。

据此，前述案例中益民公司基于批准，在周口市川汇区建成燃气调压站并实际铺设了燃气管道，"依法"排除其信赖利益，否定行政机关的返还义务并不合理，即使为了公共利益必须对其"专营权"予以撤销，也应通过"返还""补偿"等多种方式对公私利益冲突进行调和。

第三节 授益行政领域返还请求权的规范框架

与征收行政中的税费返还请求权和行政协议撤销后的返还请求权相比，授益行政领域的返还请求权具有行政主体单向提供给付的特殊性。行政主体要求相对人返还所受领利益，多通过非书面通知、书面通知和返还决定等几种形式。根据行政行为的公定力，行为撤销前即使违法也具有效力，不属于受利益、无法律上的原因。由此，行政主体是否需要先作出前置"撤销决定"，还是可以径直作出"返还决定"要求返还，存在争议。另外，"观念通知"可否定性为特殊行政行为类型，消解形式上不具备法律授权的"返还决定"与法律保留原则的冲突。

一 返还请求权形式：非书面通知、书面通知和返还决定

近年来，补贴、补助、资助等授益给付返还案例增多，某种程度显示出了秩序行政向给付行政、服务行政的实践转向。例如，临沂市张某不符合条件却连续13年领取库区移民补助款22500元的退还，[①] 廊坊市

[①] 临沂市纪委市监委：《22500元补助款追回记》，http://sjw.linyi.gov.cn/info/1012/22808.htm，最后访问时间：2019年12月1日。

第六章　授益行政领域的返还请求权类型(三)　◇　105

某军粮供应公司套取123万元补贴款的"追回"①，开平市某农业公司虚报蔬菜种植规模、面积取得补贴款115万元的"挽回"②，根据《东莞市重大科技项目管理办法》对验收不合格项目的财政补贴资金的"追回"③，太原市292万元"家电下乡"专项补助款的"追缴"④，澄迈县沼气工程项目建设30万元财政补贴资金的"追回"⑤，新能源汽车骗补资金的"追回"⑥，西安邮电大学等虚报冒领的科研经费170万元的"追回"⑦，等等。

随着行政公益诉讼的推进，越来越多同类型的返还案件，在检察机关提出检察建议，监督督促相关职能部门追回的努力下，成功获得返还。这也使得原本隐藏、非正式化的问题本身和返还实现，在行政公益诉讼推进的相关公告和宣传中，浮出水面。对我们把握请求权在具体关联领域的形态和特征，及推动授益行政领域返还请求权的制度化和法治化，具有重要意义。尽管从前述列举案例的公开信息中，无法获知行政主体"追回"补贴款所采用的具体行政形式，我们仍旧可以从一些文献资料、研究报道和"立法"中暗示或显露的信息，推断目前行政实践中三种主要的返还形式：非书面通知、书面通知、行政决定。

非书面通知一般是通过口头或电话告知，例如"错发老旧车淘汰补助"，北京环交所设立"追款小组"电话催缴。⑧ 书面通知，如中央危房

---

① 肖俊林：《123万军粮补贴款全部追回》，《检察日报》2019年11月17日第2版。
② 开平检察院：《115万的财政补贴款，检察院通过回头看全部追回来了》，http://jcy.cnkaiping.cn/？type=newsinfo&s_id=2483，最后访问时间：2019年12月10日。
③ 《重大科技项目验收不合格，补贴资金要追回》，http://zwgk.gd.gov.cn/007330010/201403/t20140305_481981.html，最后访问时间：2019年10月9日。
④ 《重大科技项目验收不合格，补贴资金要追回》，http://zwgk.gd.gov.cn/007330010/201403/t20140305_481981.html，最后访问时间：2019年10月9日。
⑤ 《追回30万财政补贴资金》，《法制时报》2015年9月6日第2版。
⑥ 《财政部部长：财政补贴资金不是"唐僧肉"，已追回新能源汽车骗补资金和罚款23亿元》，http://www.gov.cn/xinwen/2017-03/07/content_5174464.htm，最后访问时间：2019年10月5日。
⑦ 《违规发放补贴已经纠正 挤占挪用资金悉数追回》，http://news.sina.com.cn/o/2016-03-25/doc-ifxqssxu8123862.shtml，最后访问时间：2019年9月1日。
⑧ 参见《北京错发700万老旧车淘汰补助，工作人员称疏忽》，https://www.chinacourt.org/article/detail/2011/11/id/468771.shtml，最后访问时间：2019年9月2日。

改造不符合条件的村民申请获得了国家补助资金54.5万元,后成立追缴小组,通过发放《关于危房改造专项补助资金追缴通知书》和电话告知等多种形式催返。某区畜牧兽医与渔业局在审批养殖场时由于疏忽,错误发放3笔总额180万元的国家补贴款,该区财政局、畜牧局、发展和改革局"联发"《收回资金通知》追回。① 行政决定形式的返还,如天津核查违规"三种补贴"家庭,通过"责令退还决定""退缴"1080户426万元补贴款;② 青岛市某工贸公司招聘9名残疾人谎称30名向社会事务局申请残疾人扶贫基地,社会事务局撤销49.9万残疾人就业补贴审批,并作出"责令退还补贴的决定"③。

二 "行政行为"返还与法律授权基础

德国对公法上行政主体如何为返还请求,曾有"行政行为"模式和"行政诉讼"模式的争论。德国联邦行政法院对法律授权之外,行政主体通过作出行政行为确认返还请求权持否定态度。这是因为原授益行政行为在未撤销之前,具有存续力,行政主体再以作出行政行为方式要求返还,前后冲突。并且"返还决定"同属单方意思表示、高权行政,应有"法律保留原则的适用"④,若欠缺法律明文授权,则返还方式受到限制,仅能通过一般给付之诉恢复财产变动。所谓法律授权基础,在德国学说及实务上,一般是指类似德国《社会法》第十编,"社会行政程序与社会资讯保护编"第50条规定,如第1项"行政行为经撤销或废止,已提供的给付应予返还",以及第3项"应返还的给付,以书面行政行为确定"等。

德国实践中授益行政行为提供给付和"从属关系"下的返还,已经

---

① 参见袁文峰、郑则丰《论行政公益诉讼中不当得利的返还方式》,《法治社会》2019年第3期,第95—96页。
② 《津现1280户保障房违规家庭1080户退缴补贴426万》,http://house.people.com.cn/n/2014/1008/c164220-25786544.html,最后访问时间:2019年10月21日。
③ 《城阳检察院将社会事务局告上法庭,追回被骗补贴近五十万》,https://www.sohu.com/a/225624565_446544,最后访问时间:2019年11月3日。
④ Wolf-Rüdiger Schenke, "Öffentliches Recht: Der eilige Polizeikommissar", *Juristische Schulung*: *JuS*, 1979, SS. 886-887.

作为无法律授权的例外，允许直接通过作出行政行为实现。支持行政行为提供给付直接命令返还的依据是"反面理论"[1]，相关论述最早见于德国联邦行政法院1965年2月关于津贴补助的判决中，"行政主体撤销或废止原授益行政行为，须先作出行政行为确认返还请求权，该请求权恰为原受益人给付请求权之反面"[2]。在1966年9月的受领补偿案中，德国联邦行政法院再次确认"行政主体自得以行政行为命受益人返还"，因该返还请求权"恰受益人给付请求权之反面"，法律性质相同。[3] Ossenbühl 等学者持此观点，认为受益人所受领给付，在撤销或废止原授益行政行为时，即成立"返还义务"，返还仅是撤销或废止的"必然结果"[4]，既然行政主体有权对该授益行政行为作成撤销或废止，何以失去作成行政行为命受益人返还的权限。同时，在1965年6月28日的某一判决中，德国联邦行政法院对处于"从属关系"之间的行政主体与相对人（服役中的军人），可例外地允许行政主体以单方意思表示实现其债权。德国联邦行政法院在1966年6月24日的另一项判决中，对"从属关系"型返还做了进一步说明，除国家与军人之间的关系，"国家与公务员之间的关系"也属于从属范畴。[5]

授益行政领域的返还请求权援引"反面理论"实现返还，饱受争议。有学者认为其逾越了法律保留原则的限制。[6] 如德国学者申克（Schenke）认为其违反"德国《基本法》第20条第3项法律保留原则"的要求，仅通过行政主体单方决定行政法返还请求权的成立，使受益人处于不利地

---

[1] 德国联邦行政法院判例中，论及反面理论，解释行政行为命返还并不逾越法律保留原则，虽无法律明确授权，但返还仅是原给付行政行为撤销的必然结果，并未创设新的法律上的义务。

[2] BVerwGE 20, 295 (297 f.).

[3] BVerwGE 25, 72 (76).

[4] F. Ossenbühl, *Staatshaftungsrecht*, 5. Aufl., München: CH Beck, 1998, S. 436f.

[5] 命服役中之军人赔偿其服勤中因过失所致的损害，我国鲜见此类型案例，近似案件的争讼往往倾向于通过私力或调解解决，凸显出相关制度完善的必要性。

[6] 法律保留原则，产生于宪法制约国家权力的背景下，目的在于保障人民剩余权利不受无法律授权的干涉。所为限制均须经过人民代表的合意确认，以保证其民主正当性。

位。① 为此，德国于1996年5月2日修正《行政程序法》，增加第49a条第1项第2句，"应返还的给付以书面行政行为确定"，为行政行为方式的返还确立了法律上的授权基础。

关于"法律保留"与"反面理论"的争议由来已久，实践中多通过修订立法的方式确认授益给付返还的行政行为形式，与德国的发展和变革如出一辙。如有法院认为，行政主体要求返还属于"依据法律所为行政行为"，"只是原授益撤销后恢复原状的当然结果"，无须通过诉讼为之，公民的返还请求则须依照行政复议法或行政诉讼法，针对撤销或废止的授益行政行为提起。反对者认为，在法律并没有确认溢领补偿返还请求权的返还方式时，难以确认行政执行法强制执行的正当性，因而法院因"欠缺权利保护必要"驳回行政主体所提起的一般给付诉讼的做法，应予否定。为避免陷入德国式行政行为返还还是行政诉讼返还的争执和裁判结果的分歧，多需要通过立法对行政主体"行政行为返还"的方式进行授权，但学者认为该行政行为（返还决定）的性质特殊，与一般行政行为的规制性存在差别，谓之"拟制"的行政行为。

三 返还请求权的实现方式及其类型化

行政法主体的返还请求权究竟是通过行政行为还是行政诉讼实现，往往忽略了对行政法上返还请求的不同类型的判断。基于公法权利、公民地位关系的类型划分，以及返还请求权的平等性和公法优位，我们对不同类型的行政法返还请求权，使用不同的方式实现返还，恐是更好的策略。对于新型行政领域以行政协议为主要形式的返还请求权，仍须将平等性作为主要考虑因素，以行政诉讼为最佳救济途径；只是迫于行政诉讼主体原告资格的单向和封闭性，暂时由民事诉讼代行这一职能。长远来看，将相关争议和纠纷尽快纳入行政诉讼受案范围，也是对公法权利救济和公法价值考量的重要保障。

受益权关联的授益行政给付返还，则考虑从《行政程序法》的制定

---

① Wolf-Rüdiger Schenke, "Öffentliches Recht: Der eilige Polizeikommissar", *Juristische Schulung: JuS*, 1979, SS. 886–887.

角度,对行政主体直接作出行政行为要求返还的形式进行授权,这既是基于域内外行政返还实际和立法争议修订背后的成因考量,也是贴近我国的行政法制度实践,消解当前"返还决定"与法律保留原则冲突的必要方法。

具有法律授权的返还请求权,行政主体可径直作出"返还决定"要求返还。① 例如,《北京市居家养老服务补贴停发、追回管理办法》第11条和第12条规定,行政责任机关对误领或冒领居家养老服务补贴进行"通知退还"或"责令退回"。《山东省残疾人优惠扶持规定》第28条规定,违规享受优抚待遇的,"责令退还或者责令改正"。在返还请求受阻时,可依据《行政强制执行法》第13条和第55条,向人民法院申请强制执行。②

无法律授权时,行政主体则需要先作出撤销原授益给付的决定,要求而非"命令"相对人返还,在实现受阻时,理论上受法律保留原则的限制,需要通过向法院提起诉讼的方式获得返还。从授益撤销、废止相关的规范体系角度考察,具备法律上授权依据的"返还决定"少之又少。加上行政主体受《行政诉讼法》原告资格公民单向授权的限制,实践中,行政主体的返还请求权,在即使不具有法律授权的前提下,也多通过直接作出返还决定实现,而援引民法上的"不当得利"制度借由民事诉讼实现返还,仍是少数。

总体而言,授益行政领域的返还请求权亟须一部《行政程序法》进行授权。2019年行政协议司法解释第14条、第15条明确了"无效或撤销"后的返还规范,是透过制度化解决"返还"争议的具体体现。征收行政领域也有《税收征管法》《海关法》等作为返还请求权实现的规范依据。唯独授益行政给付领域缺少统一规范依据和支撑,遗憾的是,我国多版本《行政程序法》试拟稿又暂未对此加以重视和规定。从理论和制度的角度,探索行政法上请求权的关联构造模式和权利救济保障路径,

---

① 返还决定,德国法上又称之为给付决定,是侵益行政行为。
② 《行政诉讼法》第66条和《行政诉讼法若干问题的解释》第86条,同样规定了非诉行政案件的执行。

非常有必要。在获得法律授权之前，以不具有权利义务创设的"通知"形式实现返还，自然无可非议，但"通知"缺少强制执行措施保障，因而作出行政行为要求返还的"返还决定"形式，更多只能是"权宜之计"。需要说明的是，区别于域内外从行政决定返还的优势出发，论证行政行为而非行政诉讼形式的必要性，本书所述行政法返还请求权的共用性和多重映射，已可暂为返还请求权提供实体法上的支撑。即回归行政法返还请求权的成立要件判断，及根据《民法典》第985条—第988条关于不当得利的规定获得依据。① 同时，通过与行政主体的"依法行政""保护公共利益""恢复公法财产秩序"等义务关联，可获得进一步证成。无论是将来开放原告主体资格的行政诉讼，还是当前的行政决定命令、民事诉讼裁判，至少返还请求的实现已非阻隔重重。

  总的来说，行政主体选择何种形式实现返还，在域外制度发展中也存在广泛的分歧。与此相比，返还实现方式在我国社会实践、司法审判中却鲜为争议。但即便最小的细节，也不妨碍其作为行政法治进程的重要一环。所幸，我们在行政公益诉讼推进和阶段性成果的若干公告中，得以清晰梳理出通知、决定、检察建议等多种返还方式并行的问题，也使得抽象的理论冲突和抉择具有面向实践的基础和意义。基于财产权相关联的平等性和受益权领域的行政优益性，返还方式本应有行政诉讼和行政决定的区别，受限于行政诉讼两造恒定原则而选择民事诉讼救济的无奈，我国请求权关联构造制度的确立，还有很长的路要走。相信随着国家立法进程的提速和具体关联领域规范框架的明确，公法权利的行政法救济体系必将在不远的未来形成。

---

① 从私法规范角度寻找权利保护依据的方法，颇受朱新力教授的观点启发，即"通过不同属性权利之间的衍生关系，找到适合的衍生公法权利"，只是"鲜见研究成果"。参见朱新力、徐风烈《从经验回归逻辑：请求权理论在行政法中的扬弃——从最高人民法院第69号指导案例楔入》，《江苏行政学院学报》2017年第1期，第121—122页。

第七章

行政法返还请求权的公私法适用衔接

行政法返还实践对民法"不当得利"等规范准用多持开放态度，但暂时缺少统一性和整体性的认识。随着我国《民法典》的颁布，"利益不存在不承担返还义务""第三人的返还义务"等规则如何衔接适用渐入视野。行政法上返还内容是否附加利息、实际发生抑或独立考量意见分歧，返还义务的继受等请求权向私法规范的衔接争议频现，使得公法权利的请求权关联构造体系研究，非常有必要。

第一节 主观归责的行政法价值考量及适用方式

主观归责在行政法上是否适用，与民法相比有不同的观照。本节聚焦新《民法典》不当得利相关条文中，当利益不存在时是否免于返还的公私法差异，辨析主观归责在行政法上的不同适用方式，即在行政法上无规范或与公法原则不冲突时，通过请求权的平行衔接功能"情景化"适用私法原则、规范。原则上不能偏离具体请求权关联构造的框架，如返还请求权的无法律原因的财产秩序恢复初衷，而非意在对过错方进行苛责和惩罚。因为基于请求权的平等性和双向性，主观归责在某种程度上，亦会使行政主体因授益行政行为本身的"违法性"，而丧失返还请求的基础和能力,这可能对公共利益造成不可预估的负面影响。① 因而,在行政主体主观可归责时,否定其返还请求权并非最佳选择,需要从公共利益与个人信赖利益的衡平角度,通过是否附加利息或失效日期的确定节点上叠加判断而予以体现。

一 行政法对准用民事法律规范的开放态度

以恒欣公司与安阳县国土资源局一案为例,② 国土资源局收取的耕地开垦、社保等费用被认定为"滥用职权","依法应予返还"。法院先援引2015年行政诉讼法司法解释第11条,认定争议属行政合同纠纷,而紧随否定"利息请求"的论证又指向私法上"并无约定""违法交易"的概念范畴,对民事规范准用的开放态度即可见一斑。行政法上的收费"无法律依据"的返还及附加利息的确定中,私法规则在与公法前提不冲突的情况下,可得类推适用,但司法实践顾虑行政法返还请求权规范的缺位,多不加辨别地直接肯定或否定民事规范、法理适用。

德国《行政程序法》第49a条第2款,一方面规定"除利息以外的返还范围",适用民法典中关于不当得利的规范条款;另一方面又规定"所受利益不存在"仅排除受益人明知或因重大过失不知的情形。对这两方面规定反向解释,可以推论并未限制准用《德国民法典》第818条"利益不存在,免于返还"的规定。③ 其实,在德国法上,关于利益不存在是否按照民法规定免于返还存在不同认知阶段。最初德国学说和实务一致认定撤销即得返还,利益存在与否并不在考量范围内,但其后理论发展逐渐对此单一考量方式加以批判,并倾向于针对不同类型的返还请求权适用不同考量策略。例如,在行政主体向公民主张返还请求时,"利益是否存在"即为是否返还的重要衡量要素。

---

① 行政法上的责任承担,以构成要件的该当性、行为的违法性等客观判断为基础,缺少主客观归责判断的结合。
② 参见林州市人民法院(2016)豫0581行初34号行政判决书。
③ 如果受益人明知或由于重大过失不知行政行为被撤销、废止或无效,则受益人不能因此而免于返还。由此推知,在非因明知或重大过失不知的情形下,《德国民法典》第818条"利益不存在免于返还"的规定仍有适用余地。

由于我国《行政程序法》仍在酝酿之中，2019 年行政协议司法解释也多处明确了对民事法律规范的准用，因而考察我国新《民法典》第 986 条、第 987 条，"知道或应当知道"的获益返还和免于返还的责任规定，在行政法上是否以及如何适用，对《行政程序法》的制定和《民法典》的未来衔接，均具有重要意义。通过行政协议司法解释第 8 条、第 12 条、第 18 条、第 25 条、第 27 条等对适用民事法律规范确认无效、行使抗辩权、确定诉讼时效，甚至审理案件的规定来看，行政法上对民事法律规范的准用至少是不排斥的。并且，包括《税收征收管理法》在内的返还请求权相关法律法规，并没有规定是否知悉无法律原因与返还范围的关系，因而似乎不影响返还利益的多少。那么，是否我们可以就此确认《民法典》第 986 条，"不知"而"利益不存在"，"不承担返还义务"，可以通过行政关联领域的规范框架过滤而获得"情景化"适用呢？

二 行政关联领域规范框架的过滤与价值考量

如果我们从行政法返还请求权与民法不当得利请求权的差异角度，考虑"不知"而"利益不存在"，"不承担返还义务"的问题，又会有新的思路。其一，根据民法规范和法理，主观上是否可归责将直接影响返还范围，即使后知无法律上的原因，对知无法律上的原因时的现存利益仍需要返还。而行政法上依法行政原则要求恢复所有无法律上的原因的财产变动，即使行政自身原因导致行政行为违法，仍为避免公共利益所致损失而应尽可能取回。[①] 这是因为，从行政主体的角度，违法行政行为若因行政自身可归责而丧失给付的返还请求基础，对公共利益和依法行政而言，存在重大的潜在性风险，例如虽受益人存在某种程度的错误诱致使行政主体作出授益给付，但因前项不可证明或行政可归责因素的存在，而陷入被蓄意利用、不为返还的制度漏洞中。其二，民法上主观过错作为是否可免于返还的判断要件，在行政法上为"信赖保护原则"判断所"取代"，但是主观归责并非信赖利益保护的公法表述形式，行政法上是否无法律原因应是客观的给付依据消灭，信赖利益保护可在某种

---

① 行政法上的信赖保护判断对返还请求权的成立具有重要影响。

程度上阻却授益行政行为的撤销，实际上也阻却了本因违法而消灭的给付依据。

因而，不可否认，行政法上的请求权必然产生与私法请求权归责不同的适用效果。在授益行政撤销或废止中，返还请求权的产生及其"综合要素考量"[1]，已逐渐为学界和实务界所认识，这种区分背后毋宁是源于行政法依法行政原则与民法私法自治、契约自由原则的差异。我们知道，在公私法原则、理念存在冲突时，即使存在民事法律规范适用的宏观指向，仍须谨慎适用、注重区分。

尤其是，信赖利益保护作为行政法返还制度的重要内容，很大程度上也依赖主观价值判断，若无统一认定标准和裁量技术，容易导致案件相似裁量结果却完全不同。例如，受益人已经消费所受领的金钱给付，是否可以此为信赖依据，对抗依行政原则所要求的给付撤销和价额返还，恐难有一致的认定和结论。对这一问题，德国法上以经济状态判断"利益是否存在"，对主观是否苛责的超越非常值得借鉴。因为在法律判断生活消费、奢侈性消费或者财产增加等是否属于利益不存在，较难达成一致。德国对此问题，实务上发展出了经济学视角的"差额理论"[2]，即对比受领给付与返还义务成立时的经济财产状态，如果是"耗用"，则无论是一般生活需用还是奢侈性消费，一律视为已不存在；而如果是"转化"，如财产增加或债务减少等，则采取反向判断。之所以采取经济上的观点而非法律上的观点进行判断，原因可能在于法律观点标准的模糊性，尤其是将主观是否"明知或因重大过失不知无法律上的原因"纳入考量时，其所要求主观知悉与否的证明责任和难度与其对问题的解决程度相比，恐怕是有过之而无不及。并且是否知悉无法律原因所进行主观归责的判断，在行政法上多没有可依据的规范，部分立法和司法解释又肯定民事法律规范的准用，理论上在非因原则法理冲突时可适度准用。那么，从这一角度观察主观归责，即"不知或不应知"或"利益不存在

---

[1] Wolfgang Schäfer, in: Klaus Obermayer, *Kommentar zum Verwaltungsverfahrensgesetz*, 3. Aufl., Neuwied: Luchterhand, 1999, § 48, Rn. 45.

[2] Sachs, in: Stelkens/Bonk/Sachs/Kallerhoff/Schmitz/Stelkens, *Verwaltungsverfahrensgesetz Kommentar*, München: CH Beck, 2008, § 49a Rn. 47.

不承担返还义务"是否可以获得某种程度准用的支撑依据呢？

三 返还请求权上主观归责的衔接适用方式

在行政法上请求权暂无具体规范依据时，如何衔接适用民法上请求权的近似规定呢？理论上，有肯定说（法律价值的一致性）、否定说（行政法上依法行政原则和信赖保护原则的独立价值判断）和有限适用说（在特定的条件和限度内类推适用民法）三种。根据请求权的属性揭示和行政法自身的开放性态度，一般不禁止民法相关规范的类推适用。①

可以说，尽管返还请求权具有行政法上的独立价值判断，但主观归责对制度形塑仍具有重要意义，只是与民法体现有所不同。有学者认为，民法上重视不同主体间的冲突利益的调和，行政法上因"非调和"而不适用主观归责，主观因素不产生影响。然而在行政法上，利益调和的重要性不亚于民法，正如学者所言，行政主体本身就是无数个人利益的集合，将个人与无数人利益的冲突转化为个人与行政主体所代表公共利益的冲突，以简化权利保护。因而绝非行政法上不需要进行利益平衡，仅是形式和处理方式不同。虽然行政法上主观归责不应当作为是否成立的考量因素，但在调和冲突利益时，主观势必是非常重要的自由裁量因素，避免行政谨慎性的消减和受益人非善意的无拘束性。并且，法国法上有不容任何人援用其可耻之行为而有所要求，英国衡平法上亦有，"入衡平法院者，须有洁净之手"原则。因而对公权力的行使而言，这更加是一种约束和敦促，完全否定主观可归责在行政法上的效力，并不是最佳选择。相反在是否成立返还请求权之外，将主观可归责作为综合评估要素，对是否附加利息、另定失效日期的衡平考量等也具有重要意义，如此，对公权力毋宁说是一种审慎裁量、依法行政的敦促。

这种衡平方式在德国《行政程序法》立法中也有明确体现，其对附

---

① 2021年7月15日正式施行的《行政处罚法》第33条新增附条件的主观归责条款，但形式上未突破第2条惩戒"违反行政管理秩序行为"的客观结果归责逻辑，需要以违法与责任为支柱，建构主观归责逻辑明确、与行政裁量衔接，具有后置性救济程序保障、一般法与特别法角色统分的归责体系。

加利息和确定失效日期于主观是否属于明知或重大过失不知的考量,[①] 已经揭示了行政法对不同利益的衡平考量。只是主观可归责并不作为返还是否成立的决定因素,而是作为对返还结果加以衡平的综合评估考量因素之一。更进一步,我们不妨通过民法上免于返还的前提——所受利益已不存在,进行民法和行政法上主观归责适用区分的观察。《德国民法典》第818条第3款规定,"所受利益已不存在者","免负返还或价额偿还义务",并没在其述之前附加是否知悉无法律原因的主观归责限制。这一点在行政法上则有明显不同,理论上来说,行政法上受依法行政原则的影响和客观面向的返还判断,理应对主观因素采取更为宽容的态度。事实上,德国《行政程序法》第49a条第2款第2句,明确了对于"明知或重大过失不知"加重返还责任的主观式裁量设计,但是从该条第3款,法定利息起算时点、计算标准和不可归责减轻返还责任的条文,或许我们才能真正对主观归责条文的实质用心有所体察,即避免纯粹客观返还判断,主观可归责的"洁净之手"期待落空,而以是否附加利息、失效节点等作为返还衡平的弥补措施,更为该规则衔接适用设计的精髓所在。

至此,我们回到恒欣公司与安阳县国土资源局一案的裁判中,[②] 再度尝试从主观归责在行政法上的实质返还衡平角度,予以解释。即将"利息附加"作为主观过错基础上的"返还衡平弥补措施",抚平"滥用职权"所致相对方财产损失和行政法律秩序偏离,而非归咎于行政关联领域规范框架的暂时缺位,对"利息附加"不加辨别地否定,否则损害的不仅是公共利益和个人利益,还有主观归责衡平的法律秩序。同理,姬长友行政补偿一案的裁判亦有可为补正之处。[③] 该案中沁阳市政府未与姬长友达成协议,也未经行政裁决即实施强制拆迁,法院判决确认拆迁行为违反《城市房屋拆迁管理条例》,并委托第三方对原拆迁房屋进行价值评估27.8万元。一审言明所要求"房屋价值过高部分及利息依据不足","不予支持",二审维持原判,但对于所确定的27.8万元非"过高部分"

[①] 详见德国《行政程序法》第49a条第2款的规定。
[②] 参见林州市人民法院(2016)豫0581行初34号行政判决书。
[③] 参见焦作市中级人民法院(2013)焦行再二终字第2号行政判决书。

利息也并未予以确认。① 该案自2006年始至2013年行政二审所经过漫长时间跨度，即使规范暂缺致使行政法上返还裁判困顿，自拆迁行为强制性、权利主张阻隔重重、房屋价值剧增等若干行政法价值衡平出发，亦应得出与"主观归责于行政法衡平适用"相同的结论。诸多行政法上关联领域的规范空缺，在一定程度上拖累了制度体系的法治化建构，然而通过请求权的关联构造向私法原则、规范衔接所寻得的"智慧"，势必可为行政法治和权利保障提供重要支撑。

第二节 利息返还的具体规则与标准参照

民法上"利益不存在不承担返还义务"的衔接适用，主观归责作为是否附加利息的衡平考量方法揭示，为行政关联领域规范框架与私法原则、规范的衔接指明了方向。基于此，我们需要进一步对主观归责衔接适用下的具体利息附加方式和依据进行明确。

理论上，行政法上的利息附加属于额外的负担，需要以法律规定或授权为基础；在缺少法律授权时，以主观归责为是否附加的主要判断要素。利息返还数额的确定，一方面受利息起算时点的影响，例如授益行政撤销或废止的失效时点，以及行政协议无效或撤销的时点。但行政法上的返还请求权具有区别于民法的规范框架和价值考量，"具体失效返还日期"的确定仍可能受信赖保护原则等影响而"另加选择"；另一方面，返还利息利率的确定，有法律明文规定的，如我国《税收征收管理法》第78条，自然依据法律规定确定利率；② 在缺少依据时，利息附加返还的利率究竟向公法规范如《国家赔偿法》《税收征收管理法》等寻求"智慧"，还是借鉴德国法上部分舍弃《行政程序法》转向《德国民法典》第246条"法定利息"的援引，值得深入探讨。尤其对于将来《行政程序法》的制定和利率的确定，具有重要价值。

---

① 参见焦作市中级人民法院（2013）焦行终字第23号行政判决书。
② 根据我国《税收征收管理法》第78条的规定，对于多缴税款退还的利息，"以办理退税手续当天中国人民银行规定的活期存款利率计算"。

一 行政返还利息：实际发生抑或独立考量

民法上一般认为，对于不当得利，除返还所受利益以外，本于该利益更有取得部分，亦须返还。债权本身及其所生孳息一并返还，在民法债权制度中，似乎是作为其天然和原则性内容而存在。[1] 在行政法等公法领域内，大部分孳息的发生都是法定孳息，因而法律的明文规定是附加利息的必要前提。而在行政法上暂未规定，可以尝试衔接适用民法解决争议。私法原则、规范在与公法原则理念并不冲突时，否定民事法律规范的适用并不合理。但行政法返还请求权的主观归责适用方式，又与民法不当得利制度存在差别，就附加利息而言，如果存在协议约定或行政法规范，自然依其规范，否则需要相对人无可归责，才能免除利息的返还。

如果需要附加利息，如何具体计算所需返还利息的多少呢？实际发生的利息是作为确定返还，还是返还内容的确定方式？对于利息是否实际发生在所不问的返还方式，势必遭受异议。我们知道，孳息从其发生性质来分类，分为"天然孳息"和"法定孳息"[2]。对于物所生天然孳息如树木果实、动物幼崽等，自然属于应当返还的客体。唯有法定孳息，"法定"本身既已明确其是在法律关系下所产生的利息。在行政法返还制度中，对于无法律明文规定的利息，是根据已实际产生的利息确定返还，还是综合考量行政个案中的信赖利益、混合过错、程序送达、生活保障等多种因素，另定失效日期附加返还呢？

首先，德国法上确定产生孳息的部分应予返还，但对于何种保有或使用视为利息已经发生，则有不同的判断和争论。从理论上来讲，如果受领的金钱给付被单独或与商业资金混合用于商业用途，一般认为该部分金钱给付除本体外，已更有取得。[3] 只是作为受领给付难以期待受益人

---

[1] 如《最高人民法院关于执行〈民法通则〉若干问题的意见（试行）》（已废止）第131条规定，返还包括"原物和原物所生的孳息"。

[2] 王明锁：《对孳息的传统种类及所有权归属之检讨》，《法商研究》2015年第5期，第92页。

[3] VGH Baden-Württemberg, NJW 1978, 2050 (2052).

将之单独存放或使用，行政主体在主张返还给付与更有取得之利息时，无从证明或推定受益人商业用途的资金使用究竟来源于授益给付还是个人资金。德国针对这一难题，在《行政程序法》修订时，针对授益行政的撤销和废止情形，对利息是否准用民法、如何计算等一并规范，杜绝部分争议。① 在行政法上暂未规定利息是否附加计算时，一般作为商业用途性质的使用进行附加返还，只不过从德国的相关案例来看，行政主体的证明责任过于繁重，也难以起到有效的规范效果。

我们已经论述了授益给付撤销的"决定返还"方式与法律保留原则的冲突问题，对支持行政诉讼方式返还的学者而言，其重要的一点论据在于"利息"相当于"新增之不利益或负担"，基于此考量，法律保留原则势必约束返还请求权的行使方式。行政行为方式返还则以行政法上并不涉及冲突利益的调和，无准用民法附加利息的必要，反对采用诉讼的形式实现返还。事实上，在行政法领域，利益冲突的调和仍是重要内容，利息附加也可作为对主观可归责等综合因素的衡平方式。行政主体行政行为的作出和撤销，如果不考虑个案的情景化影响因素，很难在法治行政时代站稳脚跟。为了法律制度体系上的一致性，无论是否附加利息都应以法律的明文规定为最佳选择。但在制度规范缺位的前提下，根据个案的关键要素进行情景化考量，确定附加利息的时点、期间和利率，非常有必要。

二 利息起算时间：衡平决定及另定失效日期

"行政的生命在于裁量"②，行政自由裁量权的行使应贯穿返还的整体过程。由于行政法返还请求权与权利保障的关联，加上个案差异、信赖保护等诸多难以具化的影响因素，不仅不应限缩自由裁量权，反而应注重其作用的发挥和拓展。但并不意味着无条件的限制，而是基于传统合理性原则约束的不足，转向利益衡平为中心的温和控制。

---

① 1996年5月2日，德国《行政程序法》修正案增订第49a条，其中第3款对利息利率进行了具体规定，并申明"返还义务人无可归责，不附加利息"。

② 周佑勇：《行政裁量的治理》，《法学研究》2007年第2期，第121页。

既然附加利息是主观过错等综合影响因素的考量结果,利息起算时点"另行确定",也是作为"冲突利益"综合考量的衡平选择。传统行政法理论面对不同利益之间的冲突,往往根据法益的重要性位阶,牺牲一种保全另一种,导致个人信赖利益难以被优先考虑。根据比例原则"手段与目的的权衡"①,对手段的采取进行多重考量和审查,② 对保障行政自由裁量的公正性,及实现符合行政目的的最佳衡平效果,具有重要价值。在利息附加的期间计算问题上,比例原则亦能发挥关键作用。举例来说,在确定附加返还利息的个案权衡中,以北京市居家养老服务补贴的发放为例,③ 可能存在以下多个返还时点:首次申请并发放时、不再符合享受补贴法定条件时、连续6个月无法取得联系确认生存状态时、享有补贴老年人去世时、退还通知书、决定书送达时等。在具体个案情景中,如存在自始虚报、隐瞒非法冒领补贴,老年人去世、户籍迁出等条件不再符合但继续发放,继承人伪造证明继续领取补贴,以及返还决定未合法送达等情况,则应根据主观可归责性附加利息。在确定附加的基础上,再根据个案要素进行利息起算时点的比例化考量。

比例原则在个案中的情景化判断方法,不仅在"居家养老补贴发放"中有所体现,在行政法上返还涉及信赖利益考量的情形中,也可进行公共利益和个人信赖利益冲突的衡平,以"裁量另定失效日期"。以授益行政行为撤销、废止为例,根据授益给付内容、持续时间、溯及失效的紧迫性,以及撤销对公共利益、相对人利益、第三人利益的影响等不同情景,失效时点可以确定为:撤销之日、授益给付行为作出之日、未来特定之日,也可以选择行为作出与撤销之间的某一其他时点,来确定利息的附加计算期间。在"另定失效日期"的情景化裁量中,若利息附加致使相对人的财产承受不当负担,且达到与公共利益、依法行政目的追求

---

① 张明楷:《法益保护与比例原则》,《中国社会科学》2017年第7期,第100页。
② 参见[以色列]摩西·科恩·埃利亚、易多波·拉特《比例原则与正当理由文化》,刘权译,《南京大学法律评论》2012年第2期,第36页。
③ 相关规范性文件,参见京民养老发(2019)160号《北京市老年人养老服务补贴津贴管理实施办法》。

相失衡的状态,则行政主体的"裁量不作为"或裁量权滥用,[①] 可能构成违法。

三 我国行政法上利息返还的"利率"标准参照

我国行政法上暂时没有统一的利息计算标准规定。在"姬某行政补偿案"中,[②] 沁阳市房屋拆迁管理办公室作出《补偿意见》,对强制拆迁未予补偿金额的返还,以"人民银行同期贷款利率"支付利息;而"大冶市污染整治收取保证金、管理费"一案中,[③] 法院判决所需退还资金的利息损失,按照"人民银行同期存款利率"计算。

我国行政法上返还相关利息利率标准规范主要有以下几种。第一种,"定期存款利率"。我国《国家赔偿法》第36条第7项规定,"返还执行的罚款或者罚金、追缴或者没收的金钱","应当支付银行同期存款利息";根据《最高人民法院关于审理民事、行政诉讼中司法赔偿案件适用法律若干问题的解释》第15条第1款对上述"银行同期存款利息"的进一步说明,其指赔偿决定作出生效时,一年期整存整取"定期存款基准利率"[④]。第二种,"活期存款利率"。我国《税收征收管理法》第51条规定,"退还多缴的税款并加算银行同期存款利息"。2016年修订《税收征收管理法实施细则》第78条,解释前法第51条"银行同期存款利息"为办理退税手续当天"活期存款利率"。采用此种利率计算方式的法律规范还有《进出口关税条例》第52条、《船舶吨税暂行条例》第17条及《海关进出口货物征税管理办法》第60条等。[⑤] 第三种,每日总额3%

[①] 周佑勇、尚海龙:《裁量不作为的要件分析——基于法院判决的观察》,《法制与社会发展》2011年第5期,第143页。

[②] 参见焦作市中级人民法院(2013)焦行再二终字第2号行政判决书。

[③] 参见大冶市人民法院(2017)鄂0281行初38号行政判决书。

[④] 根据该解释第15条,《国家赔偿法》第36条第7项规定的"银行同期存款利息",为"生效赔偿决定"作出时,"中国人民银行公布的一年期人民币整存整取定期存款基准利率"。

[⑤] 《船舶吨税暂行条例》第17条和《海关进出口货物征税管理办法》第60条均规定,返还时"加算银行同期活期存款利息"。

"罚息"①。我国《行政处罚法》第51条规定,"逾期不履行"的,每日按应缴纳数额的3%加处"罚息"。

我国私法上相近的利息、利率计算规定主要有两种,一种是逾期利息按照年利率6%计算,如我国《最高人民法院关于审理民间借贷案件适用法律若干问题的规定》第29条第2款,对于借期内利息和逾期利息均未约定的,支持"自逾期还款之日""按照年利率6%支付资金占用期间利息"。法院在个人借款未约定利息等案件判决中,按照年利率6%确定返还逾期占用资金期间的利息,也较为常见。另一种是"银行同类贷款利率,一般视为我国民法上的"法定利率",如《最高人民法院关于贯彻执行〈民法通则〉若干问题的意见》第124条的规定。②

而我国与行政法返还请求权平行的民法上不当得利制度,暂未有似德国可直接援用的利息利率规定。《德国民法典》第820条第2款关于不当得利的规定中明确,"受益人仅自知悉给付目的不达或法律上原因已消失时起","支付利息";同法第246条"法定利率",规定了按4%的年利率支付利息,逾期支付金钱债务利息为基准利率加5%。③ 同时,《德国民法典》还在第819条规定,对明知无法律原因或违反法律善良风俗的,加重返还责任。这里的加重责任指向同法第818条第4款的规定,即不当得利返还诉讼开始后,受益人不得主张所受利益不存在,而应根据一般规定负返还责任。据此参照《德国民法典》第291条和第292条的规定,即使在期间内返还亦应支付利息,如果有毁损灭失等返还不能的情形,还要负损害赔偿责任。④

实践中,域内外在行政法返还请求权的利息、利率计算问题上,都存在不少争议。德国在制度建立之初及其后施行过程中,理论和实践中

---

① 罚息或说逾期利息,多在私法借款或贷款事项中发生,如《民法典》第676条规定:"借款人未按照约定的期限返还借款的,应当按照约定或者国家有关规定支付逾期利息。"

② 2021年1月1日《民法典》正式施行,《最高人民法院关于贯彻执行〈民法通则〉若干问题的意见》已被废止。

③ 《德国民法典》第247条规定"基准利率"为3.62%。每年1月1日和7月1日,基准利率按关联利率从基准利率最后一次变动以来所上升或降低的百分点发生变动。

④ 参见林振通《〈德国民法典〉中的不当得利制度》,《人民法院报》2011年7月29日第8版。

第七章　行政法返还请求权的公私法适用衔接　◇　123

均产生了诸多分歧，上至理论层面是否可以行政行为方式返还、类推适用民法，下至实践中立法机关、司法机关的相左观点和裁判认定。在附加利息的利率计算标准问题上，德国也是通过多次修订《行政程序法》才使争议逐渐平息。在1996年5月2日《行政程序法》修正案中，增订第49a条第2项和第3项，第2项言明返还范围类推适用民法规定，但附加利息除外；① 第3项，自行政行为失效之日起，应退还的款项应以高于基准利率5%的年利率支付；但返还义务人不可归责，不加计利息。此外，在德国《社会法》第10编亦有相似规定，如"社会行政程序与社会资讯保护编"第50条第2项规定，"自行政处分失其效力时起"，"以基准利率加5%计息"。

从《德国民法典》不当得利法定4%年利率与《行政程序法》返还请求权利率的对比来看，行政法上的利率与民法上的"逾期支付"利息利率相同，即基准利率（3.62%浮动）加5%。不难理解，《行政程序法》相应条款指向的是"自行政行为失效之日起"，结合前文所述"另定失效日期"，本质上与"逾期支付"具有某种程度的相似性。②

我国行政法返还请求权的利息附加计算，究竟是向同作为公法规范的《国家赔偿法》"定期存款利率"或《税收征收管理法》"活期存款利率"靠拢，还是转向德国法上向民法"逾期支付利息"利率的借鉴，即我国司法解释中所确定的"年利率6%支付资金占用期间利息"。在法律规范对既有行政法实践缺乏指导时，通过衔接适用构成要件近似或对重要观点具有一致性评价的相关规范，填补"法律漏洞"，是多为学界所认可的"路径"证成方法。③

根据中国人民银行发布人民币存款基准利率，活期存款年利率为

---

① 根据学者研究，即便德国《行政程序法》已经对利息单独规范，仍存在类推民法规定计算利息的情形。参见 F. Ossenbühl, *Staatshaftungsrecht*, 5. Aufl., München: CH Beck, 1998, S. 432。

② 此一利率确定的法理，在近来关于行政法返还请求权的相关研究中，多未加以仔细辨明。

③ ［德］卡尔·拉伦茨：《法学方法论》，陈爱娥译，商务印书馆2003年版，第290页。

0.35%，一年定期存款为1.5%，① 而一年期贷款利率为4.35%。由于行政法返还请求权与税收征管领域多缴税款的返还构成要件一致，本应准用；但是《税收征收管理法》第51条所明确活期存款0.35%年利率，一方面从经济角度相对人违法的成本较低，另一方面，附加利息作为主观过错归责的衡平价值难以体现。《国家赔偿法》的一年定期存款利率1.5%，从"评价一致"和"过错附加"等方面考虑，难以作为最佳选择。因此，行政法上的返还利率标准，在"主观可归责"的前提下，借鉴德国法上由"法定利率"转向更严厉的"逾期支付利息"利率的做法，② 以体现基于主观归责的公法上特殊价值考量和利益衡平策略，更为妥适。在我国民法上"逾期支付利息"利率缺位的情况下，暂时援引《最高人民法院关于审理民间借贷案件适用法律若干问题的规定》第29条第2款，逾期占用资金的"年利率6%"标准，以解决行政实践中附加利息案件利率标准确定的"燃眉之急"。

第三节 第三人返还义务的"隐性"适用

我国《民法典》第988条规定，得利人已经将获得的利益无偿转让给第三人的，受损失的人可以请求第三人在相应范围内承担返还义务。与《德国民法典》第822条"第三人的返还义务"规定相似。根据域外"公法返还请求权"的构成要件，"受利益""受损害"以及两者之间存在因果关系的要件判断，第三人的返还义务难以证成。第三人被让与所"受利益"，未造成原受领人"受损害"；其与原给付方并非给付与被给付关系，并没有建立起直接因果关系。因而，只能从整体的财产变动角度，考察受领人的免于返还、第三人的无偿取得，给原给付人造成的财产减益显示公平，证成第三人的财产返还义务。

以某征收补偿案为例，甲持有被征土地的使用许可证书，签订"让

---

① 中国人民银行发布人民币存款基准利率的最后更新日期为2015年10月24日。
② 尽管德国《行政程序法》等规定了返还请求权附加利息的利率，但该利率实质上超过《民法典》法定利率4%，与"逾期支付金钱债务利息"相同，为基准利率（3.62%）加5%。

渡书"将使用权转移给乙,约定由甲向政府申请救济金。其后经检举,政府发现甲不符合"许可人且现仍为使用者"的补偿发放资格条件,遂请求实际持有人乙返还救济金。该案中即需要考虑两个重要问题:第三人乙是否无偿受让、"第三人返还义务"如何与行政关联领域的规范框架衔接。

案例中,如果我们直接考察民法上"第三人返还义务"是否可得准用,答案往往是否定的。一方面,第三人的返还义务是建立在原受领人免于返还的基础上,我们已述《民法典》"利益不存在不承担返还义务"的规定,在行政法上基于公法价值考量的"主观归责"衡平策略下,并不适用,尽管"利益不存在"与"主观归责"是综合判断是否附加利息的重要标准;另一方面,根据学者不当得利"第三人的返还义务"的论述,"第三人返还"条款适用需要具备三个要件:无偿让与、所赠为原受领人所应返还、原受领人因无偿让与而免负返还义务。该条款中受领人无偿让与而免于返还的前提是受领人不具有主观过错,如果转换为民法上的善意、恶意受领人语境来表述,即为恶意受领人无偿让与不免除其所负返还义务。第三个要件是否成立,对是否可在行政法上适用具有关键意义。

一般来说,在行政法暂无规定的前提下,否定民法上"第三人返还义务"的衔接适用,使得第三人无偿取得,从依法行政和衡平法理等多角度均难以解释。但其实,如果我们遵循前例,以裁判者的身份对案件进行衡平,不难发现"第三人的返还义务"中受领人主观不可归责、无偿让与等要素,在行政法返还请求权内容确定的过程中,已经进行了"法律原理"式"隐性"适用。具体来说,行政法返还请求的产生,无论基于行政协议还是行政行为形式的效力消灭,如果主观无可归责,一般具有信赖利益保护的可能。在撤销或无效并成立返还请求权之前,可能因比例原则"补正优先"的判断阻却返还;[①] 在撤销等决策过程中,亦可通过部分撤销返还、撤销但补偿等手段对原受领人的利益返还进行衡平。主观无可归责与信赖保护判断、原受领人向第三人的无偿让与等,已均

[①] 参见陈新民《中国行政法学原理》,中国政法大学出版社2002年版,第169—170页。

作为"比例原则理念"的综合考量因素之一，先行纳入撤销与返还的衡平策略抉择。因而，行政主体可径直向原受领人要求返还，至于经济状态、资力在所不问。基于衡平法理，第三人所须返还利益，与行政法上原受领人"免于返还"的否定并不冲突，可通过请求权竞合的思路，顺位递补实现，其一返还义务履行后，其余自然消灭。

第四节 行政法上返还义务继受的争议及规则

域内外多已通过立法确认了行政法上的返还请求权，但尚未明确此返还请求关系是否以原给付人和受领人为限。以行政主体撤销授益行政行为为例，行政行为撤销后，受领人所"受利益"失去法律上依据需要返还，若受领人在未全部或部分返还所受领给付时死亡，受领人的继承人是否因此成为行政法返还请求权的"继受"主体呢？如果受领人非自然人，而是公司、企业等法人组织，在因收购、兼并而致权利义务转移的情况下，是否也同等适用呢？

一 行政法上返还义务继受的发生

在我国行政、司法实践中，既有因"股东个人遗产继承"而发生的税款补缴争议，如大连万顺公司股东王某与增资方约定，由王某夫妇共同承担增资前的损益、税费，在王某去世后，其合法继承人对王某生前所需补缴税款是否负有返还责任；[1] 也有因"煤矿整合"而发生的法人主体兼并，如兴山煤矿先后缴纳"煤炭安全专项整治"押金250万元的退还申请，由于被义煤集团兼并，工商登记核准注销，而产生的返还主体是否适格的争议；[2] 既有"公款缺失"返还义务的继受，如陈店乡中学总务主任高某在报送资料返程中溺亡，认定为工伤死亡，随后劳动和社会保障局向校方支付所核定工亡补助金等共64.4万元，学校主张从补助金

---

[1] 参见大连市中级人民法院（2016）辽02民终字255号民事裁定书。
[2] 参见河南省高级人民法院（2018）豫行再150号行政判决书。

中扣除高某所应返还的陈店乡中学公款缺失;① 也有与"土地出让金"返还义务相对应的权利人的转移,如童某与义乌市签订土地出让合同被撤销后,其继承人参加二审诉讼并继续要求返还已缴纳的土地出让金。②

行政法上的义务或说责任继受,相比民法上义务的概括转移或继承,多因权力、义务的公法特性而受到限制。学者既有持"行政行为效力存续""继受没有意义"的立场,③ 也有认为行政义务经由"行政行为"具体化,纵使因民法事由转移,仍不失原"行政行为"施加义务责任的拘束。但无论遵从"法律保留原则"寻找授权依据,还是借助行政责任的具体化论证,抑或回归相关司法案例中的裁判旨意和倾向,均可发现返还义务继受中的公私法共性和基础。如继承、公司合并等返还义务的主体间转移,都与《民法典》《公司法》等私法制度内容密切联系。因而,处于行政法律关系之下的义务继受与履行,与私法义务转移是否存在本质差异,需要何种特殊考量,以及返还义务相比行政法其他类型义务转移更加缓和的考量,又产生何种影响等,均是行政法上亟须解决的规则适用争议问题的具体体现。

二 "人身专属性"和"法律保留原则"的限制

私法上对此一问题的关注,多见于债权债务的概括继承讨论中。"父债子还""宗祧继承"所代表的财产、身份一体性,及与之对应的无限继承式"家长"社会理念,对我国实务义务概括继受的观念影响深远,我国《民法典》第1161条规定,"继承人以所得遗产实际价值为限清偿被继承人依法应当缴纳的税款和债务","超过遗产实际价值部分,继承人自愿偿还的不在此限"。即在"无条件有限继承"为原则的立法体例下,延续了无限继承的可能性。只是无限责任与人格独立、物与人责任区分的概念逻辑相斥,以"遗产实际价值为限"、可"放弃继承"的有限责任

---

① 参见信阳市中级人民法院(2017)豫15行终43号行政判决书。
② 参见金华市中级人民法院(2019)浙07行终260号行政判决书。
③ Erhard Denniger and Polizeiaufgaben, in Hans Lisken/Erhard Denniger(Hrsg.)*Handbuch des Polizeirechts: Gefahrenabwehr, Strafverfolgung, Rechtsschutz*, 4. Aufl., München: C. H. Beck, 2007, Rn. 125.

更为现代立法所肯定。

　　行政法上遗产继承、主体兼并等情形下,是否发生返还义务的转移少为关注。对此,有学者认为行政法义务应以"不可承受"为原则,"非人身专属""可以承受"为例外的模式进行建构,通过行政处罚、行政强制的类型化,"避免私法模式所带来的"适用"混乱"①。总体上依旧是在强调"人身专属性"对行政法义务继受的限制和影响。除此以外,"法律明文规定"与公法上的"法律保留原则"限制,② 亦为学界所关切。因为行政法上义务多源于行政干涉或规制措施,相当于对继受主体施加与被继受主体等同的人身或财产限制,这对继受主体而言也须存在可为施加限制的法律规范基础,否则恐致"超限"责任负担。本质上,"人身专属性"和"法律保留原则"意在确保人身或财产拘束内容、权限、范围的明确性和可转移性,而就此两者所施加的具体限制之下,行政法上的返还义务是否相比一般行政义务,更具有可"容忍"的特殊性而可为继受呢?

　　一般而言,对于行政处罚、行政强制等课予人身性负担的行政法义务,多因"由义务人自为履行,始能达到目的"的限制禁止转移。举例来说,若相对人在处罚决定作出前死亡,因主体不存在,再处罚便超越人身专属性而指向"继承人";而受领人在罚款处罚后、未缴纳前死亡,行政主体通过对遗产执行获得返还,则"可转移"的争议性较小,可见,人身、财产义务负担的行为基础对可否继受的影响深重。而返还义务构成的"无法律原因""受利益"要件,决定了其与"人身性"义务相区分的"财产主导性",因而,能否继受更多需要考虑是否受到法律保留原则的限制。

三　行政法上返还义务继受的证成及拓展

　　相比民法上义务转移的合意和自治,行政法上义务继受始终绕不开

---

　　① 田宏伟、王海洋:《行政法上义务的承受研究》,《商丘师范学院学报》2013 年第 10 期,第 107 页。

　　② Bodo Pieroth/Bernhard Schlink/Michael Kniese, *Polizei-und Ordnungsrecht: mit Versammlungsrecht*, 6. Aufl., München: C. H. Beck, 2010, §9 Rn. 52.

"法律保留原则"的限制。行政法上义务继受原则上属于负担增加，义务的履行对权利也产生一定程度减损，从公法权利保障的角度，义务继受往往与权利侵害、干预相关联，因而根据法律保留原则，义务继受须有法律规定作为依据。在德国法上，《德国民法典》第1922条第1款规定，"在某人死亡（继承）时，其一切财产（遗产）整体会转移给一个或多个其他人（继承人）"，一般认为此处财产（Vermögen）"不以私法为限"，公法上的权利、义务等也属于可继承范围。

我国《民法典》第1159条和第1161条对税款和债务清缴进行了规定。对于前述王某生前所需补缴税款的返还而言，是为法律上的返还义务"继受"依据，无"法律保留"限制。同样地，修订后的《公司法》第174条，对"公司合并"债权、债务由"合并后存续"或"新设"公司承继的规定，同样可为法人主体间的行政法上义务转移的规范依据。

据此，我国行政法实践中，被继承人在其保障金、补贴和补偿款等未领取之前死亡，继承人以继承身份领取，而后，所领取补贴、补偿款"法律上原因不存在"即成立行政法返还请求权，行政主体向继承人主张返还或诉讼救济应参酌行政程序而为。即便行政法上暂无直接、明确的法律规范依据，也可因"权益侵害程度较低"而缓和法律保留原则的限制。行政法上所课予违章建筑拆除、植被破坏修复、生态环境保护等义务，属积极作为事项，权益侵害程度高，法律保留原则一般进行严格限制；相比之下，"返还义务"的继受，其财产减少并非国家对相对人合法取得财产的剥夺，而是被继承人取得利益无法律原因的财产变动秩序恢复。因此，在财产的公私法概括继受基础上，通过缓和"法律保留原则"的限制，可得衔接适用《民法典》第1159条和第1161条、《公司法》第174条等规定，证成行政法上返还义务的继受。

在前"万顺股东王某生前欠缴税款返还"等类型的案件中，也可基于"证成"避免行政法上返还义务的不当继受，填补返还请求权自身属性、辨识规则和裁判基础的欠缺。又如"陈某、高某之子和社会保障案"等，[①] 亦不必再将行政法上的争议分别适用行政、民事程序加以裁判。该

---

① 参见信阳市中级人民法院（2017）豫15行终43号行政判决书。

案陈店乡中学总务主任高某在报送资料返程中溺亡，认定为工伤死亡，随后劳动和社会保障局向校方支付所核定工亡补助金等共64.4万元。学校主张从补助金中扣除高某所应返还的陈店乡中学公款缺失，行政裁判指向"与校方争议系民事纠纷，宜另案解决"；民事裁判考量"夫妻共同财产""遗产继承"等私法规则，确立高某妻子陈某承担连带返还责任，[1] 而对行政程序进行的合法性和正当性未予考量。而工亡补助金的支付程序恰为此案所争议，行政一审根据《河南省工伤保险条例》第21条，认为与校方结算符合行政法正当性原则，向高某妻子陈某支付无法律依据；[2] 二审指出援引《河南省工伤保险条例》拒绝向高某妻子陈某等支付，适用法律不当。[3]

---

[1] 参见新县人民法院（2017）豫1523民初104号民事判决书。
[2] 参见新县人民法院（2016）豫1526行初56号行政判决书。
[3] 参见信阳市中级人民法院（2017）豫15行终43号行政判决书。

第八章

行政法返还请求权关联构造体系的建构

行政法上请求权关联构造体系，一方面可以作为"基点"促进行政行为、行政法律关系、公法权利等行政法基础理论互动，另一方面也可以消融宪法、行政法及行政诉讼法等制度之间的隔阂。行政程序法、国家公法责任体系等关联制度的完善，也可为公法权利救济体系和行政法请求权体系全面性的建构，提供重要基础。

第一节 以请求权为基点的宪法、行政法、行政诉讼法互动

区别于行政行为理论中心的思考，请求权为基点的理论和制度建构，有助于联结宪法、行政法及行政诉讼法，改变各自为政、相互隔阂的局面。传统行政法学注重行政管理、公益实现，与行政诉讼法学的权利救济核心旨意存在差别，无法"引入""互动"，也就没有可能突破隔阂真正统一。目前，行政法上的请求权理论相比行政行为在概念、逻辑和体系完备上仍有差距，与请求权密切关联的公法权利、行政法律关系研究依旧薄弱。摒弃既有行政行为中心构建的规范体系，转向对制度成熟度高度依赖的公法权利理论，并非一蹴而就。以行政法律关系下的公法权利、请求权为命题，补足行政法基础理论研究的空缺，回应时代人权呼声，对匹配宪法权利实践、落实宪法命令而言，均具有重要意义。

一　公法权利：行政法体系中的总论角色

我国行政行为中心发展起来的行政法体系，侧重对规范行政进行"宏观指引"及对行政主体、行政行为的合法性进行审查，公民的权利保障和救济只是作为"附属产物"得到体现。① 司法审判活动也更多地关注行政行为与法律规范的匹配程度，这种匹配虽未偏离制度上的公共利益维护目的，但极易遗漏公法权利的相关考量要素。我国《行政诉讼法》受案范围中"利害关系"的概括规定，加上行政行为违法、不作为、权力滥用等正向列举，即是"行政行为中心"建构的集中体现。② 其实，行政诉讼原告资格的判定基准，已历经"直接利害关系""行政相对人"标准，再到"法律上利害关系""利害关系"标准的转变；而"利害关系"对权益受损与行为之间的因果判断，及对诉讼法、司法解释的资格认定"列举"的依赖，③ 于公法权利保护而言具有天然滞后性。尽管以刘广明案为代表，法院首次采用德国公法权利上保护规范理论，对原告资格的"利害关系"基准进行释解，一定程度扩展了既有制度的容纳力。然而，由于我国缺乏相关理论的沉淀和"磨合"④，造成后续裁判对保护规范理论的生涩援引和严苛使用，解释力近乎消磨、坍塌。

公法权利，不仅可以作为行政实体法和行政救济法的核心要素，对整体制度进行衔接和观照；更可作为行政法教义学的灵魂，落实宪法权利。传统行政法学基础理论未能弥合与宪法衔接的缺陷，使部分权利救济落于空白。宪法上的人格尊严，离开公法权利的确认，则可能因陷入仆从和客体地位而无法获得保障。在政府由秩序行政、消极守夜人角色

---

① 王本存：《论行政法上的公法权利》，《现代法学》2015 年第 3 期，第 58 页。
② 余凌云教授曾探讨以行政行为为中心的行政法与行政诉讼法的互动可能性。参见余凌云《行政法讲义》，清华大学出版社 2010 年版，第 27—29 页。
③ 依赖的本质在于"行政诉权列举主义"的立场，参见［日］小早川光郎《行政诉讼的构造分析》，王天华译，中国政法大学出版社 2014 年版，第 47 页。
④ 丁国民、马芝钦：《行政诉讼中原告"利害关系"的司法审查新标准——以"保护规范理论"的规范化适用为中心》，《河北工业大学学报》（社会科学版）2019 年第 1 期，第 5 页。

向"给付行政""社会保障"角色转变的背景下,① 公法权利亦是行政法治建设的重要基础。司法审查、裁判也应重新回到对基础性问题——"权利受到或可能受到侵害"上来,这也是宪法、行政法和行政诉讼法整个制度体系逐步"联结"的关键点所在。在行政法体系内,也可以通过公法权利的总论角色,建立起与具体关联领域分论角色的衔接,突破行政法学理论体系化的困境。

二 行政行为理论和制度框架的更新

行政协议中行政与民事多种要素交织,学者尝试将行政协议纳入行政行为理论进行解释,并作为与行政处理并列的行政行为类型之一,② 但这种解释和具体适用始终若有隔阂。从行政法律关系下公法权利、请求权的角度切入,较行政行为理论更具解释力和现实意义。其一,行政法理论体系的封闭性,某种程度加剧了学者剥离行政协议的私法性的尝试,③ 使得行政协议、民事合同发展多只能主动保持距离、隔岸相望;其二,行政法律关系对"变动过程"的关注,④ 使得协议双方的意思表示、协议过程、公私法规范等内容均可作为"基础素材"纳入救济考量,并且在公法权利的请求权关联构造模式下,更有私法上请求权"智慧"和法律规范、原理可为准用。公法权利体系上请求权产生、行使、竞合、消灭的多方位考察,对行政协议目的的实现也具有非常重要的价值。

但是我们仍然要立足于行政行为理论成熟的体系（关联领域）和制度框架内,寻找以请求权为基础的连接点,以实现行政法制度协同建构的最大效用。因为即使行政行为基础理论体系完善、逻辑结构完整,⑤ 地

---

① 参见杨建顺《论给付行政的法原理及实现手段》,载杨建顺《比较行政法——给付行政的法原理及实证性研究》,中国人民大学出版社2008年版,第6页。
② 参见章志远《新〈行政诉讼法〉实施对行政行为理论的发展》,《政治与法律》2016年第1期,第2页。
③ 参见韩宁《行政协议研究之现状与转向》,《法治研究》2019年第6期,第128页。
④ 赵宏：《法律关系取代行政行为的可能与困局》,《法学家》2015年第3期,第46页。
⑤ 传统行政行为中心的体系整合,越来越接近互相关联的"网状结构"。参见Eberhard Schmidt-Assmann, "Lehre von den Rechtsformen des Verwaltungshandelns", in ders, *Aufgaben und Perspektivenverwaltungsrechtlicher Forschung*, Tuebingen: Mohr Siebeck, 2006, S. 189。

位难以撼动，也仍然面临诸多挑战。行政法上请求权的关联构造，在具体关联领域规范框架与民事法律规范适用的衔接方面，表现出多元化建构的生机和活力，也构筑了公私法互动的现实基础，而不是加剧孤立和疏离。

三 请求权体系建构的理论衔接和制度互动

总体来说，以行政法返还请求权为例进行的请求权体系建构尝试，势必对行政法学基础理论的发展产生以下积极影响。第一，公法上财产权、人身权保护，通过请求权链接、关联领域规范、私法规范准用等关联构造，实现公法权利救济的体系化。公法权利、请求权的具体化，将有效填补行政法上权利救济枢纽的空缺。第二，行政法律关系理论的发掘，公法权利、请求权体系的扩展，将有效补足对权利救济的动态关注及关联领域单一行政行为理论解释的乏力，亦可作为促进公私法衔接适用的理论基础。第三，以请求权为中心的类型化、体系化，将有助于建立起实体法和程序法相互衔接的整体性框架，帮助法官回到"权利保护"的核心命题的思考上来。

学者从理论上对行政法上请求权的分类和研究，奠定了公法权利救济的制度化基础。在原权型请求权和救济型请求权的类型划分中，给付请求权和防御请求权是一对典型的公私法共用请求权，相比之下，"无瑕疵裁量请求权"和"行政程序参加请求权"则是一类较为特殊的行政法请求权，[①] 与依法行政原则以及实体法上的权利保护紧密相关。但目前行政法学界的研究深度，与请求权在行政和司法实践中应用所面临的问题相比远远不够。以行政法返还请求权为例，由于缺少关联性建构的思考，给付型和非给付型请求权的类型划分实则难以发挥应有效用，加上缺少关联领域规范框架的检索和衔接方法，舍弃对民法请求权"智慧"和法律规范的援引，导致行政法体系化建构的努力未取得预期成效。因此，我们一方面需要辨别传统请求权理论与私法体系的相互依

---

① 王锴：《行政法上请求权的体系及功能研究》，《现代法学》2012 年第 5 期，第 83—85 页。

赖性，另一方面需要尝试从行政法请求权与公法权利的多重映射关系扩展共用性。其实，在我国社会给付立法中，有大量间接确认请求权的规定，如《社会救助法草案》第 18 条规定了教育资助、取暖补助等请求权。这种隐藏或暗含授予公民给付请求权的立法模式，虽然灵活，但体系化和类型化的缺失，难以真正有效地架设起公法权利救济的实体法和救济法桥梁。

德国作为大陆法系行政法律理论和立法实践成熟的典范国家之一，大量采用了直接规定请求权的确认方法，建立了较为体系、全面的"公法请求权"制度。以受益权相关请求权为例，其《社会法典》第 18 条—第 29 条，即是对诸如社会给付请求权、教育资助请求权、工作促进请求权、医疗保险的公法请求权、工伤的社会保险请求权等所做的具体规定。基于我国行政法上的理论、制度现状，通过请求权关联构造落实公法权利救济，促进行政实体法与行政救济法互动，并非一朝一夕之力，需要大量的研究投入和持续的实践探索，方可实现从对私法规范体系、一般法律原理的依赖，到公法理论制度的体系化建构和向私法领域的回馈，及至共同发展、共同完善的公私法衔接协同模式的转变。

四 行政法上请求权关联构造的具体路径

依法行政是提升治理效率和社会福利水平的关键，与国家治理能力现代化、行政法规范体系建构相辅相成。多年来，行政法学尝试突破自身理论局限的努力从未停止，从调整领域的私法向拓展，到调整方式的规制、自治多元化，以及由命令向协商、参与的转变等，"新行政法"式理念和实践不断深化。值得警惕的是，行政行为而非权利救济面向的制度实践，在经济、政治、信息时代变革的风口浪尖之下，稍有不慎，即可导致长期树立的公共威信迅速瓦解。因而，面对新的行政任务和挑战，亟须拓展行政法善治、流通、互动的体系化格局。

为此，本书将致力于以请求权为中轴的行政法律关系、公法权利研究，并以此作为基点促进宪法、行政法及行政诉讼法的双向互动和体系统一。同时，将从基础权利与请求权的对应关系出发，以行政法返还请求权的制度建构为线索，围绕请求权的平等性和公法优位、双边性和制度互动、共用性和多重映射、独立性和关联地位等，重构行政法律关系下的受利益、无法律原因要件，并基于公法权利公民地位关系进行返还请求权的类型划分。进而从制度体系的整体性角度，对行政程序法返还条款的确立，对行政诉讼原告资格、诉讼类型、判决类型的认定，对行政法上类推适用民法的法理和限制，对国家公法权利理论的重新探求，及对国家公法责任制度中返还责任的重新设计和定位等，逐一进行阐释和论证。

具体来说，我们需要重拾请求权面向的公法权利、行政法律关系等基础理论，缓和行政行为单一主导在实践变迁背景下的不适应性。并通过行政法返还请求权为线索的制度建构和属性揭示，对涉及公私法制度衔接和行政法体系互动的问题逐一检视。其一，重构行政法返还请求权的构成要件，摒弃受利益、受损害的因果关系判断，转向基于特定行政法律关系、领域下的受利益、无法律上的原因要件的细分和关键把握。其二，基于公法权利"公民地位关系"和行政关联领域的规范框架，分别做与国家的请求权、财产权、公民的受益权相关联的类型划分和规则适用指引，以期实现关联构造的现实指导价值及满足各领域要素差异带来的个案情景化考量需要。其三，以《民法典》颁行为契机，对衔接适用民事法律规范争议和规则进行明确，如将主观归责作为是否附加利息的考量，以及诸如利息返还的独立计算、失效日期的衡平决定、利率标准的"实质"参照、第三人的返还义务的"法律原理"式准用等。其四，在行政法上请求权的关联构造基础上，由点带面对行政实体法、程序法、诉讼法等进行规范补足和制度衔接。

第二节　行政程序法的规范空缺及立法建议

我们需要一部《行政程序法》对返还请求权进行确认和规范。自1986年行政程序立法动议的提出，到《行政程序法（试拟稿）》《行政程序法（专家建议稿）》的拟定，我国行政法学界已经围绕行政权力实践制定了诸多程序性规范。尽管有《山东省行政程序规定》等针对行政给付的撤销和追回规定，但仍不能满足行政法上多领域多类型的返还裁量、返还裁判需求。因而，制定一部正式的《行政程序法》对返还方式、主观过错、信赖保护规则等问题进行规范，非常有必要。

一 行政程序立法的关注倾向及偏离

早在1986年的"行政法体系学术研讨会"上，我国行政程序的立法动议就已经被提出。① 以姜明安教授2002年公布，并在2015年由北京大学宪法与行政法研究中心再次修改发布的《行政程序法（专家建议稿）》为代表，② 围绕行政权力实践制定了诸多程序性规范。如行政行为无效、撤销和废止的情形和法律后果等。信赖保护原则，也由原先的一个概括解释条文，扩展到信赖阻却撤销、信赖不予保护的情形列举，③ 虽然相比域外程序立法对无效、撤销或废止的精细化规范略显单薄，但仍不失撤销但补偿、公私利益抉择、信赖利益保护等具体平衡考量方案。遗憾的是，其对行政法返还请求权的确认，仍较为间接，只能通过溯及既往撤销、自始无效等条款推论得出，即基于原行政行为的财产变动失去法律上原因而由受益人承担返还义务。相比之下，2019年行政协议司法解释对行政协议无效或撤销后的财产返还、折价补偿等规定，更为直接、明确。

就具体立法条文来看，《行政程序法（专家建议稿）》对返还请求权的前置阶段行为无效、撤销及废止的具体规范，及该稿第6条"比例与利益平衡原则"、第216条"补正与撤销的具体衔接"等内容，在理念和规则设计上都较为先进。但是，在另定失效返还日期等个案情景化裁量规范方面，仍有拓展比例原则应用的空间。同时，还缺少对返还请求权成立后的法律效果的规范，如主观过错、利益不存在、第三人返还、利息、时效等。导致相关返还请求权的行使和规范适用，仍旧只能向民法上的规范制度寻求救援。

学界和实务界对行政程序规范的关注和热情已经开始向立法转化，2008年湖南省第一部《行政程序规定》出炉，且截至目前包括凉山州、山

---

① 参见姜明安《我们需要一部"行政程序法"》，http：//www.publiclaw.cn/？c = news&m = view&id = 6788，最后访问时间：2020年1月4日。

② 参见姜明安《一代公法学人憧憬的梦》，《北京日报》2015年10月19日。

③ 详见《行政程序法（专家建议稿）》第5条、第157条、第158条、第165条、第217条。

东、江苏、浙江、上海等在内的十余个省市，已经制定并颁布地方性行政程序规定。尽管地方性行政程序规定对撤销、废止、补正的规范仍有待完善，法律后果的规定也仅侧重于对不履行职责、滥用职权撤销或确认违法无效的责任追究和处分，无效、撤销或废止后的具体返还规则更为空缺，但仍不妨碍地方立法探索的重要价值的积极意义。值得说明的是，《山东省行政程序规定》针对行政给付撤销、追回的规定，[①] 已经反映出行政行为撤销与返还请求权的关联及实践需求，但顾虑行政法返还实践与民法不当得利返还制度的复杂关系，并未进一步明确具体返还规则。从行政法返还实践的多样性，到返还请求权裁量、裁判的差异性，行政法返还请求权亟须一部权威、正式的《行政程序法》予以确认和规范，以对返还方式、主观过错、信赖保护规则等相关争议进行指导，对具体返还规则进行明确。

二　德国法上的理论争议和立法沿革

1996年5月2日，德国《行政程序法》修订，增加第49a条共4款规定，其一，溯及撤销或废止，"已提供之给付应予返还"，并以"书面行政决定"形式确定；其二，除利息和"利益不存在主张"之外，返还范围准用民法相关规定；其三，返还利息为基准利率加5%，不可归责不计利息；其四，给付未用于特定目的，同计利息返还。立法修订增加"返还方式"、利息及准用民法的规定，背后是理论的重重"争议"和实践冲突的不断复现。1965年，德国联邦行政法院在津贴补助案的判决中，将返还请求权作为原给付请求权的"反面"，可由行政机关作出行政处分实现返还，1966年的"不符受领补偿资格"判决再次确认上述规则。返还作为原给付的"反面"，虽然缓解了行政行为决定的法律保留原则疑虑，但毕竟缺少法律授权而为实务所诟病，如学者申克即认为反面理论"与德国《基本法》第20条第3款法律保留原则相违背"[②]。除此以外，是否附加利息、民事法律规范是否可得准用的争议之广泛，不亚于行政

[①] 详见《山东省行政程序规定》第121条。

[②] Wolf-Rüdiger Schenke, "Öffentliches Recht: Der eilige Polizeikommissar", *Juristische Schulung: JuS*, 1979, SS. 886–887.

行为返还与行政诉讼返还的长期"割据",德国《行政程序法》第49a条第3款利息利率的规定,即是为了消弭实践争议而进行的具体立法。

三 返还请求权的"程序法"立法建议

结合本书前述内容,兹建议在《行政程序法(专家建议稿)》的基础上,于第165条之后增加一条"撤销、无效或废止后的返还"规定,内容如下:

第1款 行政行为经撤销、废止或确定不发生效力后,受益人应返还因该行为所取得的财产。

第2款 返还范围和日期,由行政机关通过书面行政决定确定。

第3款 除利息、利益不存在以外的返还范围,准用《民法典》有关不当得利返还的规定。

第4款 受益人信赖值得保护或行政机关对于该行为失效可被归责,行政机关可以裁量另定失效日期。

第5款 受益人以欺骗、贿赂等不正当手段取得的金钱给付,自行政行为失效之日起,按照中国人民银行一年定期存款基准利率加5%计算利息,一并返还。受益人不可归责,并于决定期限内返还的,不计利息。

第三节 行政诉讼原告资格与诉讼类型的拓展

行政法上请求权大量存在,在其缺位基础上,诉讼原告资格判定捉襟见肘,大量值得法律保护的利益,难以界定和识别。德国法上保持传统请求权理论逻辑,同时又尝试修正基础公法权利识别理论,以弥补原告资格拓展的需求。我国行政诉讼制度中原告资格判定基准多次转向,基于权益受损、受损可能性以及受损与行为之间因果关系的"利害关系"标准,过度依赖行政诉讼法和司法解释对受保护权益的列举,也因此屡受"点数硬币"、不适应公法权利保护扩张需求的批评。时下,结合公法权利的行政法救济需求及返还请求权上的问题揭示,亟须扩大《行政诉讼法》第25条诉讼参加人的主体范围、明确行政返还案件的一般给付诉讼而非课予义务诉讼类型。

一　行政诉讼参加主体的同等诉权资格

行政救济有"诉讼和非诉讼"两种途径。① 对相对人而言返还请求权争议只能通过行政复议或行政诉讼的方式加以解决。对行政主体而言，域外有作出行政决定要求返还抑或只能提起行政诉讼的争议。如前所述，具有法律法规授权的返还请求权，行政主体可径直作出"返还决定"要求返还。② 而无法律授权时，行政主体则只能作出撤销原授益给付的决定，要求而非"命令"相对人返还，也即在返还请求实现受阻时，只能通过"诉讼救济"获得返还。③ 但是，根据我国《行政诉讼法》第 2 条"公民、法人或者其他组织"的单向原告资格限制，除检察机关提起行政公益诉讼之外，多数只能通过提起民事诉讼解决争议。但是在实践中，行政主体的返还请求权，在不具有法律授权的基础上，也多通过直接作出决定实现返还，抑或援引民法上的"不当得利"制度借由民事诉讼实现。

更为复杂的是，在由秩序行政向福利行政、给付行政的转变过程中，对传统行政主体"消极守夜人"的角色提出了更加多元化和能动性的要求。行政机关和司法机关在行政许可、土地行政管理、房产登记、拆迁补偿、社会保障等授益行政领域，统筹调和各方利益的难度越来越大。通过民事诉讼解决行政返还实践纠纷也举步维艰。授益行政给付的撤销裁量，往往面临"依法行政原则""信赖保护原则"二择其一的困惑，个人信赖利益难获充分保护。

以马某诉临洮县政府行政赔偿一案为例。④ 2012 年 5 月，马某的 16.65 亩荒地及承包的部分耕地作为"临洮县政府矿山出让合同"的一部分被征用，计得 75 万元土地补偿款。其中 19.6 万元镇政府以"村民会

---

① 林莉红：《行政救济基本理论问题研究》，《中国法学》1999 年第 1 期，第 46 页。
② 如符合《城市居民最低生活保障条例》第 14 条、《山东省残疾人优惠扶持规定》第 28 条、《北京市居家养老服务补贴停发、追回管理办法》第 11 条和第 12 条规定等情形，属具有作出"返还决定"的法律上依据。
③ 授益行政领域的返还请求权亟需一部《行政程序法》进行授权。
④ 参见甘肃省高级人民法院（2016）甘行赔终 1 号行政裁定书。

议决定""归集体所有"的名义暂扣,并将款项存在以马某身份证号办理的存单中。马某随后挂失领取补偿款,该村村民委员会遂提起民事诉讼要求返还。2013年3月,临洮县人民法院依据《民法通则》第92条"不当得利"作出民事判决,① 命马某退还;2014年10月,法院强制执行上诉人土地补偿款21万元。

该案一审通过民事诉讼"不当得利"判决,当事人不服该判决却因"民事""行政"的区隔无法提起上诉,只得另行提起针对"确认征地行为违法"的行政诉讼。而后该案行政一审、二审和再审申请均以"超过法定2年起诉期限"为由裁定驳回。② 即自马某2012年4月参加村民会议讨论(得知土地被征用)至2015年6月提起行政诉讼,已超过"土地管理行政征收"2年法定起诉期限。对于该案村民委员会决定"归集体所有",但又以村民个人名义存入银行的行为,是否违反《土地管理法》第48条"及时足额支付"、第49条"禁止侵占、挪用"的规定暂且不论。以下问题仍然值得省思:其一,临洮县政府、村民委员会与村民之间关于"土地征收补偿款"的争议,因《行政诉讼法》原告资格的限制只能提起民事诉讼;其二,民事诉讼被告不服该案判决,只能转而另行提起"确认征地行为违法"的行政诉讼;其三,行政一审、二审和再审申请所计算的时效期间包括"民事诉讼受案、判决、执行"所经过的期间,在当事人无法针对与行政主体的"关键争议"就原民事判决提起行政上诉的情况下,即使法定期间经过,是否应当针对制度设计上的缺陷而给予个案中时效经过的特殊考量。

我们已述税费征收领域返还请求权的法律规范基础,新型行政领域基于请求权平等性的诉讼救济理想,及授益行政领域撤销返还的特殊价值考量。至此,仍缺少《行政诉讼法》上的一项重要赋权,即通过拓展该法第2条"行政诉权"的主体范围,赋予行政诉讼参加主体双方同等的诉权资格。江必新教授在论述"征收补偿协议是典型的行政合同,应

---

① 参见甘肃省临洮县人民法院(2013)临中民初字第6号民事判决书。
② 参见甘肃省天水市中级人民法院(2015)天行初字第29号裁定;甘肃省高级人民法院(2016)甘行赔终1号行政裁定书;最高人民法院(2017)最高法行赔申18号行政赔偿裁定书。

适用公法规则"时，指出"行政案件原被告两造恒定"，"无法为法院所'完全管辖'"，需要"据此推动行政诉讼相关制度的改革"①。应松年教授也表示，根据《国有土地上房屋征收与补偿条例》第 25 条第 2 款，"一方当事人不履行""另一方当事人可以依法提起诉讼"的表述包含"官告民"在内，只是欠缺诉讼法依据。② 尽管实践中行政主体的原告资格多以"目前行政诉讼法及相关司法实践尚未架构""官告民程序"而予以否定，③ 但也不乏检察机关之外行政主体提起行政诉讼的先例。④ 相信随着同类型诉讼需求增多，及公法权利行政法救济体系的完善，行政诉讼参加主体的"同等诉权"资格即将实现。

二 一般给付诉讼类型及其适用

现有制度所规范的行政诉讼类型和判决类型，无法满足请求权类型多样化的需求。2015 年 5 月 1 日开始实施的新《行政诉讼法》第 73 条，规定了新的判决类型——给付判决。从立法条文和"诉讼目的"，推知我国行政法上还有撤销诉讼、履行法定职责诉讼、确认诉讼和行政赔偿诉讼等。一般认为，撤销诉讼功能在于为防御请求权中的撤销请求权提供保护，赔偿之诉则以保护当事人的行政赔偿请求权为核心，履行职责诉讼主要是保护当事人的给付请求权。⑤ 那么，行政法返还请求权究竟适用一般给付诉讼还是履行职责诉讼呢？

履行职责诉讼，一般认为与域外如日本"课予义务诉讼"为同一概念的不同表述，⑥ 有学者认为，课予义务所请求法院判令行政行为的作

---

① "因为没有配套救济制度就不承认其法律属性，是逻辑上的本末倒置"。参见江必新《中国行政合同法律制度：体系、内容及其构建》，《中外法学》2012 年第 6 期，第 1163—1164 页。
② 《专家建议"官告民"纳入行政诉讼法》，https：//www.chinacourt.org/article/detail/2013/02/id/902495.shtml，最后访问时间：2020 年 1 月 7 日。
③ 参见最高人民法院（2017）最高法行申 6269 号再审行政裁定书。
④ 《拒不送子女读书，乡政府状告家长》，《人民日报》2018 年 7 月 26 日第 11 版。
⑤ 履行职责诉讼（判决），2014 年修订的《行政诉讼法》将原法第 54 条第 3 项独立为新法第 72 条，即"不履行法定职责的"，判决"履行"。
⑥ "课予义务诉讼是指请求法院命令行政机关必须作出一定的行为的诉讼"，参见江利红《论日本的课予义务诉讼》，《云南大学学报》（法学版）2012 年第 6 期，第 134 页。

出,对相对人而言,本质上仍是给付。为示与《行政诉讼法》第73条给付诉讼区分,履行法定职责诉讼在"请求作出行政行为给付"的层面上,定位"特殊给付诉讼",后者在"请求作出行政行为之外给付"的意涵上,表示"一般给付诉讼"。

结合我国《行政诉讼法》的"原被告两造恒定"实践来看,目前行政法上的返还请求权多为行政相对人向行政主体请求。根据行政征收领域的税费返还,行政协议无效或撤销后的利益返还,以及授益行政撤销或废止后财产变动秩序的恢复三种具体关联领域的返还特性,相对人所请求给付源于行政主体"受利益"但自始或其后无法律上的原因,而非要求作出新的"行政给付行为"。此外,从行政法返还请求权的双边性揭示角度,行政主体向相对人请求返还为制度的一体两面,行政主体的请求权无适用"特殊给付诉讼",或说"履行法定职责诉讼"的可能,也能佐证返还请求权"一般给付诉讼"类型的适用。尽管受制度实践的限制,至少在理论上,为返还请求权实现而提起一般给付诉讼的主体并不仅限行政相对人,行政主体亦然。

域外行政机关提起行政诉讼的情形十分普遍,行政机关与公民或行政机关之间,均可因公法上的争议而提起行政诉讼,并没有"两造恒定"的争议和疑虑。在未获得"程序法"对"行政行为形式"返还的授权之前,基于"法律保留原则"的限制,行政机关最多只能提起一般给付诉讼获得返还。以"溢领建筑物补偿费返还"案为例,某地因拓宽道路,征收特定地段土地,并对其上建筑物等统一进行补偿。此后,三次重新评估补偿金额,并以第三次评估金额要求受领人返还多领的补偿,未得返还后向法院提起诉讼。但该法院以可行政强制执行、无诉讼权利保护的必要为由驳回。该地政府上诉后,上级法院认为"行政机关应以行政诉讼法提起一般给付诉讼",将案件发回原审法院重审。学界亦不乏"提起一般给付诉讼"的呼声,如有学者从公法上的债权理论和属性角度,对双方当事人"主体地位的平等性"进行考察,进而论证"债务人不履行""仅能提起给付诉讼"。即在公务员多领退休金等情形下,行政主管机关须基于返还请求权法理"提起一般给付之诉"。

行政诉讼类型的完善和明确,对实现诉讼请求权、获得权利救济具有重要意义。实践中,行政相对人不能针对"不当得利"民事裁判提起上诉,只能另案提起行政确认违法之诉,无疑变相增加诉讼负担和难度。虽然我国《行政诉讼法》暂"未明确行政诉讼类型"[①],但从域外一般给付诉讼的实践和我国《行政诉讼法》上判决类型划分,仍可确定行政法返还请求权的"一般给付诉讼"类型。因此,扩大《行政诉讼法》第2条的主体范围,纳入对行政法律关系下"争议"双方主体的诉权的同等保护,并明确返还请求权适用《行政诉讼法》第73条"给付诉讼(判决)"类型,对负担行政领域、新型行政领域、授益行政领域的公法权利救济而言,必要且不可或缺。

第四节　国家公法责任制度中返还责任的定位和设计

"国家并非万能,个人亦非天使"[②],德国历经纳粹时期"法制践踏",深刻认识到建立完整的公法权利救济体系的重要性。作为国家承担责任的主体、方式等规范的国家公法责任制度即是其一。1981年德国启动《国家责任法》(*Staatshaftungsgesetz*)立法程序,尽管由于政党斗争而搁置,经由法官造法填补和法律观念革新的"判例法"发展,[③] 不成文的国家责任制度逐渐形成。王锴教授认为我国国家公法责任体系,从法律后果的角度考虑,分别由"赔偿责任、补偿责任和其他请求权基础"组成。[④] 赔偿责任如行政赔偿和司法赔偿,补偿责任如特别牺牲征收征用补偿和平衡补偿,而行政法上的返还请求权属"其他请求权基础"之一。

---

① 杨东升、蒋蓓:《法官阐明义务与行政诉讼类型之选定》,《湖北社会科学》2016年第12期,第147页。
② 刘飞:《德国公法权利救济制度》,北京大学出版社2009年版,第1页。
③ F. Ossenbühl, *Staatshaftungsrecht*, 5. Aufl., München: CH Beck, 1998, S. 3.
④ 王锴:《我国国家公法责任体系的构建》,《清华法学》2015年第3期,第34页。

一 国家返还责任与赔偿责任的"混淆"

行政法返还请求权所对应的返还责任，主要针对无法律上的原因的财产秩序变动恢复。如我国《税收征收管理法》第51条"多缴纳税款的返还"，《海关法》第63条及《进出口关税条例》第52条"进出口多征税款的返还"，《诉讼费用交纳办法》第27条"发回重审的……应当退还"，《突发事件应对法》第12条第1句"突发事件中对单位和个人财产征用的返还"等，即是返还请求权上国家责任的体现。返还责任与目前国家公法责任体系所倚重的赔偿责任、补偿责任性质迥异，而我国《国家赔偿法》第32条第2款，似乎把"返还财产"作为国家赔偿的一种方式，混淆了赔偿责任和返还责任的区分。①

在武汉江城乐业公司与宜都市政府行政合同及行政赔偿一案中，②双方签订了《关于宜都创业园投资经营合作协议》等在内的三份"行政合同"，后宜都市政府作出都政函（2010）13号《关于解除投资经营合作协议的函》，单方解除上述合同。法院依据《国家赔偿法》第36条的其他条款（对财产权造成其他损害的，按照直接损失给予赔偿）判决宜都市政府对江城乐业公司的基础设施配套投入1329.3万元予以支付。一般适用国家赔偿的前提是存在公共主体的侵权行为等，本案虽然被认定为行政赔偿案，但没有认定违法行政行为的存在。"原告请求确认被告不履行协议义务的行为违法，但其未提交相应证据支持其主张，其请求不予支持"；"被告作出《解除协议函》合法"。既然将合法行为作为行政赔偿的认定基础存在争议，判决却依据《国家赔偿法》的"其他"兜底条款，将"基础设施配套投入"作为直接损失判令宜都市政府"赔偿"。

二 国家公法返还责任与民事返还责任的"隔阂"

国家公法返还责任与民事返还责任的首要区分在于国家责任与民事

---

① 同法"第四章'赔偿方式和计算标准'"第36条第1项，亦将"返还财产"与"给予赔偿"并列作为"侵犯公民、法人和其他组织的财产权"的赔偿责任的承担方式之一。

② 参见宜昌市中级人民法院（2013）鄂宜昌中行初字第00003号行政判决书。

责任的性质差异，即"权力行使"要素为国家责任所独有。如果国家通过私法形式参与市场活动，其承担责任形式也应"同于私法主体"①。而我国目前行政返还实践中的误用，某种程度加剧了"返还责任"之间判别和选择的隔阂。

在西华县政府、河南瑞阳化纤公司一案中，②2013年7月，双方签订"高档紧赛纺化纤纱建设项目"行政协议及补充协议。协议约定，自签订半年内政府将土地性质由林地转为工业用地，并进入招拍挂程序；补充协议约定，瑞阳化纤借给西华县600万元（用于先期拆迁）。县政府保障15日具备地勘施工条件。随后，瑞阳化纤拉起围墙、委托施工设计，但土地性质一直未如约转化，双方陷入僵局。2015年1月，土地进入拍卖出让程序，瑞阳化纤未参与招标，土地流拍。该案一审行政判决，解除协议、判令县政府返还"借款600万元人民币以及利息"，二审、再审申请维持原判。

此间，西华县政府提出请求瑞阳化纤返还"垫付工程款及工资款"，行政一审以"已另案提起民事诉讼"为由，未予裁判；二审法院以公安侦查材料，否定工程款及工资款返还；③ 最高人民法院再审以"应当通过民事诉讼解决"指正。④ 同时，西华县民事一审以"协议"不属于"民事诉讼范围"被驳回，⑤ 民事二审以"管辖异议不成立"再次驳回。⑥

该案再次凸显了行政诉讼"两造恒定"限制下的受案尴尬处境，法院避免"管辖异议""明哲保身"的选择，最终导致当事人的权利救济诉求双向落空。相关内容，已通过前述申明。但正是基于这一制度上的瓶颈，进一步模糊了行政法返还请求权上国家责任、民事责任的分界。西华县政府基于协议项目建设所"垫付工程款及工资款"，本应属于返还请求权的行政法上之主张，却频频以"已另案提起民事诉讼"或"应当通

---

① 刘飞：《德国公法权利救济制度》，北京大学出版社2009年版，第131页。
② 参见商丘市中级人民法院（2017）豫14行初239号行政判决书。
③ 参见河南省高级人民法院（2017）豫行终2590号行政判决书。
④ 参见最高人民法院（2018）最高法行申2201号行政裁定书。
⑤ 参见西华县人民法院（2017）豫1622民初3618号民事裁定书。
⑥ 参见周口市中级人民法院（2018）豫16民辖终30号民事裁定书。

过民事诉讼解决"不予裁判；反而，西华县政府的600万元借款及利息，毋宁更应作为"民事责任承担"而予返还，却均得到行政一审、二审和再审申请的认定和支持。

三　国家返还责任的体系定位及其制度价值

从体系的角度把握国家公法责任并非易事。刘飞教授在其《德国公法权利救济制度》一书论述德国国家责任法与我国国家赔偿法的区别时，指出国家责任法并不只是规范"国家的不法行为"，也包括"合法行为"[①]。该书成稿并出版于2009年，彼时《国家赔偿法》第2条规定，"取得国家赔偿"，以"违法行使职权"侵犯权益为前提。2010年4月，修订后的《国家赔偿法》第2条只要求"行使职权"造成损害即可，不再以"国家的不法行为"所致为必须。这也与现行《宪法》第41条第3款"取得赔偿的权利"的规定一致。从《国家赔偿法》的立法文本来看，我国国家赔偿法并未严格区分返还责任与赔偿责任、补偿责任，[②]《宪法》《行政诉讼法》上行政赔偿和行政补偿也通用"赔偿"表述，[③] 这使得进入国家公法责任视野的"返还责任"，实质仍未获有"一席之地"。

德国法上，与"公法上的补偿请求权"对应的补偿责任，是与"职务责任上赔偿请求权"和"公法债务上赔偿请求权"所对应赔偿责任并列的重要国家公法责任类型，主要包括"财产性权利损害"（征收）补偿和"非财产性权利"（牺牲）补偿两类。[④] 在我国，补偿责任亦为学者所重视，如王锴教授对国家赔偿和行政补偿的界限和趋势分析，[⑤] 及其他学

---

① 刘飞：《德国公法权利救济制度》，北京大学出版社2009年版，第127页。
② 高家伟教授认为，国家赔偿"宗旨都是对特别牺牲的公平补偿"，严格区别赔偿和补偿、合法性和违法性，"并没有多大的实践意义"。[德]哈特穆特·毛雷尔：《行政法学总论》，高家伟译，法律出版社2000年版，第613页"译者注"。
③ 毕洪海：《转型中的行政法学——二十世纪九十年代以来中国行政法学研究透视》，载罗豪才《行政法论丛》第7卷，法律出版社2004年版，第355页。
④ Rüfner, in Erichsen/Ehlers (Hrsg.), *Allgemeines Verwaltungsrecht*, 12. Aufl. Berlin: De Gruyter, 2002, § 46 Rn. 4.
⑤ 王锴：《从赔偿与补偿的界限看我国〈国家赔偿法〉的修改方向》，《河南省政法管理干部学院学报》2005年第4期，第175页。

者基于"使用或收益妨碍""行政强制措施""信赖利益保护"等进行的补偿责任类型的划分。从我国现行法律制度体系角度观察，国家补偿责任也在逐渐形成体系。如《国家动员法》第41条，"国家对因承担转产、扩大生产军品任务造成直接经济损失的单位给予补偿"；《海域使用管理法》第30条，"提前收回海域使用权的"，"给予相应的补偿"；《防沙治沙法》第35条，"因生态保护的特殊要求"批准或封禁的，给予"合理的经济补偿"；《动物防疫法》第85条，对防疫过程中"强制扑杀的动物、销毁的动物产品"，"应当给予补偿"等。相比之下，与行政法返还请求权对应的国家返还责任，尽管在实体法律、法规上具有同等规模的"规范"支撑，[①] 却仍旧囿于缺乏足够重视所致的理论附属、体系边缘化的处境。

　　与此同时，对如西华县政府、河南瑞阳化纤公司一案所体现的行政、民事"隔阂"进行疏通，及对国家公法返还责任、民事（私法）返还责任进行有效区分，也是返还请求权、返还责任体系确立的重要一环。根据德国法上"公权力行政"与"私经济行政"的划分，国家并非总是以公权力行使统治权，亦常作为"财产权主体"参与私法形式的活动。[②] 主体的公法身份不再能够决定所承担责任的形式。而返还责任的公私法属性判断，其实在我国的法律规范体系中已有迹可循。如前所述，我国《国家赔偿法》第2条修订后剔除"违法"要件，将国家赔偿明确为"国家机关及工作人员""行使职权"，侵犯权益、造成损害的情形；结合我国《民法通则》第121条，[③] 国家承担民事赔偿责任的前提为，"国家机关或者国家机关工作人员在执行职务中"，侵犯公民、法人的合法权益并造成损害。因而，公法返还责任与私法返还责任的区分，也同样在于"行使公权力行为"还是"非行使公权力的职务相关行为"的认定。回到瑞阳化纤一案中，补充协议约定的"西华县政府600万元借款"，因总体

[①] 如本节开篇所列举的部分立法条文：《税收征收管理法》第51条、《海关法》第63条、《进出口关税条例》第52条、《诉讼费用交纳办法》第27条、《突发事件应对法》第12条等。

[②] Manfred Baldus, Bernd Grzeszick, Sigrid Wienhues, *Staatshaftungsrecht: Das Recht der öffentlichen Ersatzleistungen*, 4. Aufl. Heidelberg: C. F. Müller, 2013, S. 3.

[③] 2021年1月1日起《民法典》正式施行，《民法通则》已实际废止。

项目建设协议的"行政协议"性质认定而予以行政裁决，但其毋宁是私法形式的行为而非行使公权力的行为，国家所承担的返还责任亦应为民事责任；反而，基于协议项目建设所垫付的工程款、工资款，可能在个案中具有"公权力"行使要素，却屡遭"应通过民事诉讼解决"驳回。[①]

综上，国家返还责任，作为国家公法责任体系完善的重要内容，即是行政法请求权关联构造整体的重要一环，亦是公法权利救济体系全面性建构不可或缺的制度资源。具体关联制度设计的完善，也可为行政法学理论体系的整体性突破奠定基础。

[①] 该案民事一审裁定，"签订的协议书与补充协议书不属于人民法院受理民事诉讼的范围"，驳回起诉。

附录　行政法返还请求权相关研究动态

一　域外公法返还程序、要件、制度的多样性

（一）英国法上"返还权"的创设及公私法考量

英国法上对"公法不当得利"的关注多集中于税收领域的多缴税款返还（Restitution of Overpaid Tax）和税务海关诉讼中。英国剑桥大学学者丽贝卡·威廉姆斯（Rebecca Williams）在对税收缴纳、优惠返还和行政法上本金之外利息返还的讨论中，直言"公法上规则和应对机制的缺乏"，不仅对国内的公私法体系提出了挑战，也对欧盟法与国内法之间的衔接提出了更高的要求。[1]

"公法不当得利"可回溯 Woolwich v IRC[2] 案中"返还权"的创设。该案中，Woolwich 公平建筑协会出于"经济能力公信力维护"而支付了一项事先知晓的"无效"税款。IRC（国内税收委员会）同意向 Woolwich 退还已支付的本金，但否认有任何支付利息的义务。Woolwich 上诉，英国上议院认为无论是错误支付还是胁迫支付均可追回。至此，被称为"Woolwich 不当因素"的新型返还基础或说理由被创设，其本质在于公法主体的越权行为。如 Hemming v Westminster City Council[3] 案中，Hemming 要求 Westminster 城市议会返还新商店的许可费用，理由是这些收费是越权的，议会没有该层级收费的决定权。

---

[1] Williams R., "Unjust Enrichment and Public Law", *Judicial Review*, 2014, 19 (4), p. 209.
[2] Woolwich Equitable Building Society v. Inland Revenue Commissioners [1993] AC 70 (HL).
[3] Hemming (Trading as Simply Pleasure Ltd) v. Westminster City Council [2012] EWHC 1260 (Admin) [2012] PTSR 1676.

支持 Woolwich 案推理决策的关键要素，在随后应用和研究中，被逐渐归结为缺乏合法性、适格性、平等性和正当依据四项。也有学者认为在 Woolwich 和 Hazell v Hammersmith[①] 案中，对私法返还请求进行公法上的审查，只是基于偶然。在 British Steel plc v Customs and Excise Commissioners[②] 案中，Woolwich 案创设的返还规则即受到"分别检视""效率低下"的批评。并且，英国不乏仅根据私法不当得利规则对此一类案件进行裁判，如 Deutsche Morgan Grenfell Group plc v Inland Revenue Commissioners[③] 案。

包括 British Steel plc v Customs and Excise Commissioners 案和 Woolwich 案在内案件亦表明，英国长时间适用私法程序处理"公法不当得利"诉求。其2004年《民事诉讼程序规则》第54.3条修订，允许私法审查请求一并包含公法返还检视，但受到严格的时效限制。在这一进程中，英国学者不断反思返还请求权带来的公私法衔接问题，如认为"从公法中获得返还理由"，"从私法赋予债权人要求金钱返还的权利"[④]。

紧随 Woolwich 案，Test Claimants in the Franked Investment Income Group Litigation v HM Revenue & Customs[⑤] 案中，英国最高法院对"Woolwich 不当因素"是否以及如何应用的决定，产生了深远影响。其一，不必以辩诉双方提出或辩护为前提。基于涉及公共主体的越权行为，任何给付原则上均须返还，而不必律师大费周折重新发明证成逻辑。其二，公私法共同考量。采用单一私法或公法方式，无法对返还影响因素进行全面把握。这也说明返还请求权公法、私法两面具有同等相关性，选择其一并非明智之举。

---

① Hazell v. Hammersmith and Fulham London Borough Council ［1992］2 AC 1（HL）.
② British Steel plc v. Customs and Excise Commissioners ［1997］2 All ER 366（CA）.
③ Deutsche Morgan Grenfell Group plc v. Inland Revenue Commissioners ［2006］UKHL 49 ［2007］1 AC 558.
④ Burrows, *A Restatement of the English Law of Unjust Enrichment*, Oxford: Oxford University Press, 2012, §21（4）p. 113.
⑤ Test Claimants in the Franked Investment Income Group Litigation v. HM Revenue & Customs ［2012］UKSC 19 ［2012］2 AC 337.

(二) 法国"不当得利"公私法的区分及其实质要件、法理要件

法国在旧制度（the Ancien Régime）时期已有公法和私法的区分。1799 年，为回应行政行为司法审查的需要，拿破仑设立行政法院（the Conseil d'Etat），该法院亦有责任"解决行政执行困难"[1]。与晚近才出现公私法区分思想的英国制度不同，法国法上的区分早已确立。这一特点反映在"不当得利"上，一是程序选择有行政法院和普通法院的区分，二是即便"公共主体也可作为普通法院的当事人"参与诉讼。[2] 对于前者，多通过对该项活动是否出于公共利益，且在独立、相关的法律制度下进行，判断法域归属；对于后者，即便已进入行政法院审理程序，如果存在私法的先决性问题，也需要移送普通法院。

法国法上，与"不当得利"规则最相关的是准合同领域，《民法典》第四编涵盖了其中的三个准合同；有学者认为，这些准合同是经由"无因受益原则"（Enrichissement Sans Cause）统一的。[3] 最初返还诉讼范围涉及领域非常广泛，但随着判例法的发展逐渐限缩，现今"公法上不当得利"诉求需要满足三个"实质要件"和四个"法理要件"[4]。实质要件为受利益、受损害及其之间的因果关系，法理要件为受利益无法律上的原因、附属性、非受损失方责任、受损方非为自己利益采取行动。

公法的发展，导致了对私法的影响和规则改变，如不当得利返还（Répétition de l'indu）[5] 中对主观过错的重新考量。当法国法院最终朝着"缺乏因果关系"的方向迈进时，至少对于"不当得利返还"而言，除了举证责任外，似乎与普通法已经没有太大区别。同时，与英国法上的返还权一致，欧盟法开始在与不当得利和准合同有关的法律发展中，起到

---

[1] N. Brown and J. Bell, *French Administrative Law* (5th edn), Oxford: Oxford University Press, 1998, p. 47.

[2] O. Kahn-Freund, C. Lévy and B. Rudden, *A Source-book on French law*, London: Clarendon Press, 1991, pp. 14 – 15.

[3] J. Flour, J. L. Aubert and E. Savaux, *Les Obligations*, Vol 2, *Le fait juridique* (17th edn), Paris: Armand Colin, 2005, Title 1, p. 2.

[4] A Bénabent, Droit Civil, *Les Obligations* (10th edn), Montchrestien, 2005, pp. 487 – 495.

[5] 这通常是指某法律主体收到一笔并非属于他的款项或利益，而导致该现象发生的最常见原因是过错（Error）。

越来越重要的作用。

(三) 德国"公法返还请求权"体系成熟

德国公法返还请求权制度的发展,经历了三个阶段:依赖民法、"类推适用民法"和"公法独立建构",现今理论和制度较为成熟。通说认为公法上返还请求权的法理依据在于"法治国原则"中的"依法行政原则"①,其构成三要件财产变动(Vermögensverschie-bung)、在公法关系中(im Rahmen der öffentlichrechtlichen Rechtsbeziehungen)、无法律上的原因(ohne Rechts-grund),②既有对私法"不当得利"要件的借鉴,又有公法原则理念的身影。但在解释财产变动要件时,不乏学者使用"受利益"(Bereicherung)"受损害"(Entreicherung)的概念和释义,③未进一步对公法上的特殊性加以考察,也未侧重公私法差异区分。

德国"公法返还请求权"的另一显著特点是类型化尝试和多制度关联。既包括以主体、给付为依据的类型划分,④亦关注特殊与一般公法返还请求权的特质,⑤同时还是广义的"国家公法责任制度"及公法之债的内容。⑥如德国法学名著《行政法总论》中将"公法返还请求权"作为国家赔偿的其他请求权基础之一,论及返还请求权要件、行使等。⑦从公法债权债务关系角度的关注,如合著本《行政法》第55节,以债之发生

---

① Walter Jellinek, *Verwaltungsrecht*, 3. Aufl. Berlin: Springer, 1931, S. 239.

② Steffen Detterbeck, in Detterbeck/Windthorst/Sproll, *Staatshaftungsrecht*, München: CH Beck, 2000, § 24 Rn. 1ff.

③ F. Schoch, *Der öffentlichrechtliche Erstattungsanspruch*, Jura 1994, 82 (86f.).

④ 如人民向国家或其他行政主体请求、国家或其他行政主体向人民请求、国家或其他行政主体之间相互请求、同一行政主体中不同机关之间基于内部法律关系相互请求。参见 F. Schoch, *Der öffentlichrechtliche Erstattungsanspruch*, Jura 1994, 82 (85f.).

⑤ 作为与一般返还请求权的区分,特殊返还请求权用以表示获得法律授权依据而不需要通过一般法理确认的返还请求权。参见 F. Ossenbühl, *Staatshaftungsrecht*, 5. Aufl., München: CH Beck, 1998, S. 419ff.

⑥ K. Windthorst, in Detterbeck/Windthorst/Sproll, *Staatshaftungsrecht*, München: CH Beck, 2000, § 1 Rn. 1ff.

⑦ 参见[德]哈特穆特·毛雷尔《行政法学总论》,高家伟译,法律出版社2000年版,第732—760页。

与效果为标准进行理论、实践阐释。① 此外,德国《行政程序法》亦对授益撤销、废止或无效后的返还进行了规范。

纵观德国公法返还请求权的历史,发展总是与阻力、争议相伴相随。1981年,《国家责任法》(*Staatshaftungsgesetz*)立法程序启动,却由于政党斗争而搁置,② 但不妨碍其"判例法"式不成文制度的发展和形成。1966年,德国联邦行政法院的一项判决,以反面理论(Kehrseitentheorie)支持行政主体"给付决定"返还,受到"缺少法律授权"、与"法律保留原则"相违背的质疑,如学者申克即认为"反面理论与德国《基本法》第20条第3款法律保留原则相违"③。另外,制度上参考民法"非统一说"的给付型和非给付型分类,至今仍"未透彻"。

尽管如此,德国公法返还请求权立法、修法和判例式发展的历程,及其对制度体系和公法理念的塑造,是许多国家和地区返还制度确立的重要借鉴。在我国公法权利救济和请求权关联构造的命题之下,德国的公法理论和请求权制度、历史,也是难能可贵的资源和参考。

(四)欧盟法上返还的"至高无上"原则

正如法国法上将"不当得利返还"(Répétition de l'indu)作为公法、私法和欧盟法[European Union (EU) law]的一项共同原则,④ 欧盟法已经成为成员国法律适用的重要依据内容。这是因为,欧盟的自由流动(Free Movement)和反歧视(Anti-discrimination)规则使成员国公共主体的越权行为,不仅要受到国内法的约束,还要受到欧盟法的检视。因此,在特定情况下,如某项合同或税收中,公共主体可能因欧盟法而非国内法的规定,而被判定为"行为超出权力边界"。如欧洲法院(ECJ)在Metallgesellschaft and Hoechst v IRC⑤一案中,即表达了上述意见。

---

① 参见[德]汉斯·沃尔夫、奥托·巴霍夫、罗尔夫·施托贝尔《行政法》(第二卷),商务印书馆2002年版,第163—173页。

② F. Ossenbühl, *Staatshaftungsrecht*, 5. Aufl., München: CH Beck, 1998, S. 3.

③ Wolf-Rüdiger Schenke, "Öffentliches Recht: Der eilige Polizeikommissar", *Juristische Schulung: JuS*, 1979, SS. 886-887.

④ Cass Com 3 January 1985, Bull civ IV no 5; 17 Jan 1989, RJF 1989, 192.

⑤ Metallgesellschaft and Hoechst v. IRC (Cases C-397/98 and C-410/98) [2001] ECR I-1727.

成员国向欧盟移交权力并不总是一帆风顺,主体间权限、责任的划分亦经常需要仲裁;在此方面,"欧洲法院对欧盟法的进一步扩展作用至关重要"①。在政治战线"Luxembourg Sclerosis"背景下,欧洲法院提出了"欧盟法的直接效力(Direct Effect)和至高无上(Supremacy)原则"②,即欧盟条约条款和其他形式的立法(条例、指令和决定)可以直接在成员国法院中被依据适用,而不用考虑是否实施、冲突及先后。③ 这意味着成员国公共机构的权力行使,也可基于欧盟法对合同、给付、税收等价值转移后的无效、撤销判定,而成立返还。

在 Courage Ltd v Crehan④ 一案中,返还请求的依据即是:双方当事人之间的合同因违反欧共体竞争法(EC competition law)而无效。欧洲法院援引不当得利规则,明确当事一方不能因违反欧盟法而获得不正当利益。

二 国内公法权利、公法责任、请求权细分的多角度考察

国内行政法返还请求权的主题研究,既有从公法上非典型之债、公法权利、国家公法责任体系角度的宏观考察,亦有针对行政法请求权、税收返还请求权、授益撤销"不当得利"返还的微观阐释;既受到公法和私法学者的共同关注,亦保持学界和实务界的一致热情。只是行政法上公法权利、请求权研究较为抽象和理论,"公法不当得利""税收返还请求权"的研究又欠缺精细化和体系化,因此,行政法返还请求权体系建构的理论指引和制度规则两面亟须完善。

(一)作为公法上的非典型之债

行政法返还请求权已为私法学者"非典型之债"和公法学者"公法之债"视角所阐释。如柳经纬教授认为,政府采购合同上的债、国家侵

---

① P. Craig and G. de Búrca, *EU Law: Text, Cases and Materials* (4th edn), Oxford: Oxford University Press, 2008, chs 127 – 128.

② A. Arnull, *The European Union and its Court of Justice* (2nd edn), Oxford: Oxford University Press, 2006, ch 7; P. Craig, "Once upon a Time in the West: Direct Effect and the Federalization of EEC Law", *Oxford Journal of Legal Studies*, 1992 (12), 453.

③ Costa (Flaminio) v. ENEL (Case 6/64) [1964] ECR 585, 593 – 94.

④ Courage Ltd v. Crehan (Case C – 453/99) [2001] ECR I – 6297.

权赔偿之债,以及税收规费之债、征收征用补偿之债等均为公法上的非典型之债。税收规费之债与采购合同之债同属公法领域,但与私法之债的关联性存在差异。① 本书在返还请求权与国家的征收权、负担行政关联领域的衔接论证中,与此观点契合。

汪厚冬博士在《公法之债论》中,② 将公法上的不当得利之债作为其中一种类型与公法契约之债、侵权行为之债、无因管理之债等并列;在作者另文"法律效果"研究中,对公法上不当得利之债的主体、返还标的、返还方法,以及区分行政主体与相对人的不同返还责任形式进行了论述。③ 在理论制度相对稀薄的基础上,基于已有的域内外理论和实践进行公法之债体系上的细分定位和类型化处理,具有意义。如果我们聚焦到"行政法上的返还请求权"实践,就会发现理论争议暂存、实践指导供给不足,尤其在回应行政实践、司法裁判中的主观归责、返还范围、类推适用等方面,饱受困扰。

(二) 行政法上的公法权利命题及其实现

公法权利命题下的请求权相关研究亦为学者重视,行政法上的公法权利体系建构不仅可以为公私法规范的衔接适用提供支撑,亦可围绕请求权发挥公私法上的桥梁和枢纽作用。徐以祥教授在其所著的《行政法学视野下的公法权利理论问题研究》一书中,即对公法请求权的规范基础和立法确认进行了论述。④ 王本存教授结合中国行政法的实践,论证了行政法上的公法权利理论建构及行政法教义学命题。当私法权利面向并拘束地位不平等的公法主体时,私法上的物权、人格权、知识产权、债权等都可以是公法权利。⑤ 方世荣教授,早已提出"一般民事权利如人身权和财产权也可为行政法上权利"的观点,如在行政主体承担作为义务、

---

① 参见柳经纬《非典型之债初探》,《中国政法大学学报》2008 年第 4 期,第 58 页。
② 参见汪厚冬《公法之债论——一种体系化的研究思路》,博士学位论文,苏州大学,2016 年,第 252 页。
③ 参见汪厚冬《公法上不当得利的法律效果研究》,《西部法学评论》2011 年第 6 期,第 49—57 页。
④ 参见徐以祥《行政法学视野下的公法权利理论问题研究》,中国人民大学出版社 2014 年版,第 65—78 页。
⑤ 参见王本存《论行政法上的公法权利》,《现代法学》2015 年第 3 期,第 64 页。

保护义务及依法确认权利时，行政相对人所享有的即为："行政法意义上的人身权、财产权"。① 该文所述民事权利请求权和行政法的关联，对本书返还请求权规范依据的补足和供给论证，提供了重要思路和参考。

赵宏教授所译《国家的主观公权利》一文，② 申明公法权利理论创设之初是整体的公法权利，既包括公民也涵盖国家。公法权利理论的单向发展及基本权利理论的自成体系，逐渐使其价值功用向行政法上限缩。因而，只有重拾国家公法权利，促进国家与个人权力关系向法律关系的转变，才能挽救公法权利危机。这与本书公法权利保护与救济实现基础上的请求权关联构造研究，具有意旨上的契合和一致性。

（三）国家公法责任体系中的返还责任

王锴教授在国家公法责任体系的阐释中，将公法上不当得利请求权与行政合同赔偿请求权、公法上无因管理请求权、结果除去请求权等共同作为国家公法责任的其他请求权基础，属赔偿责任和补偿责任等主要责任形式之外的其他构成部分。公法上不当得利请求权在实体法上的规范基础如《税收征管法》第51条以及《突发事件应对法》第12条的规定等。刘飞教授在其所著的《德国公法权利救济制度》一书中，对德国国家责任制度进行了阐释，"公法上的返还请求权"与补偿请求权、赔偿请求权、后果消除请求权等并列作为国家公法责任的重要组成内容。

精细化的研究和体系化的证成对我国国家公法责任制度的建立非常具有价值。考察域内外国家公法责任体系和相关理论制度，基于无法律原因本质，以及财产秩序变动恢复的目的，公法上或者说行政法上的返还请求权所对应国家的返还责任亦需要加以明确，这不仅有助于《国家赔偿法》上赔偿责任与返还责任的区分，也对辨明国家公法返还责任与民事返还责任的不同适用，具有重要意义。

（四）行政法上的请求权研究细分

徐以祥教授认为行政法请求权服务于基础性公法权利，但因其具有

---

① 参见方世荣《论人身权、财产权的行政法属性》，《湖北行政学院学报》2003年第4期，第26页。

② 参见［德］哈特穆特·鲍尔、赵宏《国家的主观公权利——针对主观公权利的探讨》，《财经法学》2018年第1期，第5页。

独立实体权利的要素,而体现出相对独立性。对所服务的公法权利而言,主要表现在确保公法权利不受干扰的干扰防御请求权和以受益权实现为核心的给付请求权。"公法不当得利返还请求权"被视为一种类推适用民法规定的公法请求权。① 该文明确了请求权对于公法权利的重要价值以及具体化的形式,并且在此基础上论述了如何进行系统化的行政法体系建构。

王锴教授较为系统地对行政法上公法权利、请求权的关系进行了梳理,"公法上不当得利请求权"作为原权型请求权与损害填补等救济型请求权并列。② 作者认为"各种请求权之间存在着逻辑关系",可以"将行政法与行政诉讼法联结起来",深值赞同。

在最高人民法院首次借鉴德国法上的公法权利保护规范理论解释"刘广明案"中的原告资格基准时,学者也尝试关注公法权利、请求权在行政诉讼受案范围扩展中的应用。如程琥法官从公法权利保护规范理论的角度,结合热点"刘广明案",对原告资格界定中的"相关利益"与反射利益差异进行了分析;围绕行政法请求权的基础权和救济权划分,对行政给付请求权、损害填补请求权、确认请求权等进行了阐释。③

(五) 税收征收领域的返还请求权研究

税收征收领域的返还请求权研究集中在多缴、误缴税款的返还上。1919 年德国《税收通则法》制定后,税收法律关系逐渐被理论和实践认同为公法之债,因而私法上的不当得利返还请求权,多为公法学者研究所类比及应用。既有著作如《纳税人诉讼公法之债下的公权力与私权利》以公法税收之债视角进行"不当得利"返还研究,④ 也有博士学位论文《税收之债不履行的私法调整机制研究》将税收之债的超额履行,根据其

---

① 参见徐以祥《行政法上请求权的理论构造》,《法学研究》2010 年第 6 期,第 36 页。
② 参见王锴《行政法上请求权的体系及功能研究》,《现代法学》2012 年第 5 期,第 78 页。
③ 参见程琥《行政法上请求权与行政诉讼原告资格判定》,《法律适用》2018 年第 11 期,第 22—23 页。
④ 参见祁志钢《纳税人诉讼公法之债下的公权力与私权利》,中央广播电视大学出版社 2016 年版,第 20—23 页。

概念和构成要件定性为公法上不当得利返还请求权,并归纳还付金、超纳金、误纳金等缺少法律依据征缴税款的返还类型、返还范围和返还时效。① 亦如王肃元教授对我国税收退还请求权立法不足和完善的分析,② 以及其他从立法、理论等角度对返还实现的论述等。

此外,税收领域返还请求权研究的硕士论文数量可观,或集中于溢缴税款的"公法不当得利理论地位",讨论返还请求权的制度完善路径,③ 或分析税收返还请求权的理论基础、立法保护及完善建议。④ 作为宏观法理、类型、履行和救济的分析和论证,对作为行政法返还请求权的细分研究精进具有意义,但仍有进一步统一化、体系化的论证空间。

(六) 授益撤销及"公法不当得利"返还

国内学者对授益行政行为撤销、废止等情形下的返还,以及宏观"公法不当得利"的研究和关注时间相对集中,并未随着行政返还实践范围的拓展而持续精进。熊勇先教授在申明公法不当得利构成和类型的前提下,对公法不当得利的救济途径和诉讼形式进行了论述。⑤ 前者集中于诉讼和非诉讼形式的选择,后者面向公法不当得利课予义务诉讼或一般给付诉讼的类型确定。黄先雄教授对行政主体基于公法规范、行政行为和行政契约而获得返还请求权的情形进行了论述,⑥ 同时指出,我国存在行政主体无法提起行政诉讼来实现返还的制度阻碍,在因相对人符合信赖利益保护,或者具有其他衡平法理事项时,也可产生返还请求权成立的阻却。亦有学者从税法、行政法和刑法等公法角度,阐释公法上不当得利返还请求权的主要形态。陈军学者关于行政法返还请求权的研究集

---

① 参见孙成军《税收之债不履行的私法调整机制研究》,博士学位论文,山东大学,2014年,第39—53页。
② 参见王肃元《论我国纳税人税收退还请求权》,《兰州大学学报》(社会科学版) 2010年第5期,第121—127页。
③ 参见郑振华《纳税人税收返还请求权研究》,硕士学位论文,西南政法大学,2016年,第5—9页。
④ 参见黄天平《税收返还请求权法律问题研究》,硕士学位论文,华东政法大学,2015年,第6—12页。
⑤ 参见熊勇先《公法不当得利及其救济》,《法学杂志》2012年第6期,第105—110页。
⑥ 参见黄先雄《论行政主体的不当得利返还请求权——从行政奖励被撤销后的利益追索说开去》,《中南大学学报》(社会科学版) 2014年第3期,第120—125页。

中在举证责任的分配和民法举证责任的援用上，因行政法缺少规定，应援用民法"谁主张，谁举证"的诉讼举证原则。①

对于行政许可撤回、撤销后的补偿与赔偿问题，学者亦进行了相关论证，指出"我国统一行政补偿制度"有待建立，②遗憾的是未对撤销后返还责任的产生与规范问题进行深入探讨。还有学者对德国法上的授益撤销情形、判断、时点进行了阐释，③但未对"程序"条款中的具体返还请求权形态详加辨别。此外，实践对行政法请求权的关注度也很高，多位法官著文论述，间接说明请求权实践需求与理论制度储备的不平衡。例如，有法官认为行政主体不能通过"反面理论"直接要求相对人返还，而应基于双方地位平等和法律保留原则的拘束，提起一般诉讼请求实现返还。行政机关之间的横向、纵向争议亦可得诉诸法院，④以此提高行政效率、保障"司法最终原则"。

以上行政法返还请求权的相关研究中，域内域外实体、程序"规范框架"各有千秋，公法私法原则、规范"拘束方式"各有不同，但正是这些或温和或激烈的冲突"火花"，点燃了行政法学理论体系变革的"燎原之火"，也正是这一持续不断积累、探索的过程，为我们现今以返还请求权关联构造为例探究公法权利的救济体系，提供了重要的理论基础和制度资源，这也是行政法上请求权命题研究的意义之所在。

---

① 参见陈军《行政法上不当得利的举证责任研究》，《黑龙江省政法管理干部学院学报》2008年第6期，第27—29页。

② 参见王太高《行政许可撤销制度研究——以企业工商登记为例》，《法治研究》2012年第1期，第52—57页。

③ 参见李垒《论授益行政行为的撤销——以〈德国行政程序法〉第48条规定为视角》，《政治与法律》2012年第4期，第141—148页。

④ 参见岳心《公法上不当得利返还请求权研究——救济途径和程序方式初探》，《法学杂志》2011年第8期，第108—110页。

参考文献

中文著作：

《中国大百科全书（法学）》，中国大百科全书出版社 2002 年版。

陈新民：《德国公法学基础理论》（上册），山东人民出版社 2001 年版。

陈新民：《中国行政法学原理》，中国政法大学出版社 2002 年版。

丁宇翔：《返还原物请求权研究：一种失当物权关系矫正技术的阐释》，法律出版社 2019 年版。

段厚省：《民法请求权论》，人民法院出版社 2006 年版。

胡建淼：《国家赔偿的理论与实务》，浙江大学出版社 2008 年版。

江利红：《日本行政诉讼法》，知识产权出版社 2008 年版。

李语湘：《比较法视角下英美返还法的结构与功能研究》，中国政法大学出版社 2015 年版。

李忠夏：《宪法变迁与宪法教义学：迈向功能分化社会的宪法观》，法律出版社 2018 年版。

刘飞：《德国公法权利救济制度》，北京大学出版社 2009 年版。

罗豪才：《行政法论丛》（第 7 卷），法律出版社 2004 年版。

莫于川、胡锦光：《基本权利及其公法保障》，法律出版社 2013 年版。

齐延平：《基本权利保护的中国探索》，法律出版社 2020 年版。

祁志钢：《纳税人诉讼公法之债下的公权力与私权利》，中央广播电视大学出版社 2016 年版。

王锴：《公法释义学与比较方法》，光明日报出版社 2010 年版。

王克稳：《经济行政法基本论》，北京大学出版社 2004 年版。

王利明：《合同法研究》（第一卷），中国人民大学出版社 2012 年版。

王利明：《民法研究》（第 3 辑），法律出版社 2014 年版。

王利明：《物权法研究》（第三版）上卷，中国人民大学出版社 2013 年版。

王名扬：《法国行政法》，中国政法大学出版社 1988 年版。

王太高：《行政补偿制度研究》，北京大学出版社 1995 年版。

谢立斌、仁恺（Christoph Pohlmann）主编：《权利救济与人格权的宪法保障：中德比较》，中国政法大学出版社 2018 年版。

徐国栋主编：《中国民法典起草思路论战》，中国政法大学出版社 2001 年版。

徐以祥：《行政法学视野下的公法权利理论问题研究》，中国人民大学出版社 2014 年版。

杨代雄：《法律行为论》，北京大学出版社 2021 年版。

杨代雄：《古典私权一般理论及其对民法体系构造的影响》，北京大学出版社 2009 年版。

杨建顺：《日本行政法通论》，中国法制出版社 1998 年版。

杨建顺主编：《比较行政法——给付行政的法原理及实证性研究》，中国人民大学出版社 2008 年版。

杨立新主编：《民事审判诸问题释疑》，吉林人民出版社 1992 年版。

杨振山：《债法事典》，中国工商联合出版社 1949 年版。

叶必丰：《行政法的人文精神》，北京大学出版社 2005 年版。

叶必丰：《行政行为原理》，商务印书馆 2019 年版。

尹田：《物权法理论评析与思考》，中国人民大学出版社 2004 年版。

应松年：《外国行政程序法汇编》，中国法制出版社 2004 年版。

余凌云：《行政法讲义》，清华大学出版社 2010 年版。

张红：《基本权利与私法》（第二版），法律出版社 2020 年版。

张文显：《法哲学范畴研究》（修订版），中国政法大学出版社 2001 年版。

张翔：《基本权利的规范建构》，法律出版社 2017 年版。

章志远：《中性行政行为研究》，北京大学出版社 2021 年版。

钟赓言：《钟赓言行政法讲义》，法律出版社 2015 年版。

中文论文：

［德］哈特穆特·鲍尔：《国家的主观公权利——针对主观公权利的探讨》，赵宏译，《财经法学》2018 年第 1 期。

［德］马丁·舍尔迈尔：《德国不当得利法当前存在的问题》，朱晓峰译，《财经法学》2015 年第 2 期。

［日］山本隆司：《诉讼类型、行政行为与法律关系》，王贵松译，《法治现代化研究》2020 年第 6 期。

［以色列］摩西·科恩·埃利亚、易多波·拉特：《比例原则与正当理由文化》，刘权译，《南京大学法律评论》2012 年第 2 期。

曹治国：《请求权的本质之探析——兼论物上请求权的性质》，《法律科学》2005 年第 1 期。

陈军：《行政法上不当得利的举证责任研究》，《黑龙江省政法管理干部学院学报》2008 年第 6 期。

陈思融：《混合过错情形下行政许可信赖利益的保护可能性》，《行政论坛》2014 年第 1 期。

陈思融：《论行政诉讼补救判决的请求权基础》，《中外法学》2016 年第 1 期。

陈鑫范、吴明熠：《土地使用权出让合同的混合属性解析及其司法救济适用——基于双阶理论的思考与修正》，《北京科技大学学报》（社会科学版）2019 年第 4 期。

陈怡伊：《刍议合同无效或被撤销后返还请求权之性质》，《法学杂志》2015 年第 3 期。

成协中：《行政民事交叉争议的处理》，《国家检察官学院学报》2014 年第 6 期。

程琥：《行政法上请求权与行政诉讼原告资格判定》，《法律适用》2018 年第 11 期。

程明修：《公私协力法律关系之双阶争讼困境》，《行政法学研究》2015 年第 1 期。

邓刚宏：《我国行政诉讼类型的构建——以主观公权利救济为分析视角》，

《学海》2017 年第 2 期。

邓刚宏:《我国行政诉讼诉判关系的新认识》,《中国法学》2012 年第 5 期。

邓刚宏:《行政诉讼受案范围的基本逻辑与制度构想——以行政诉讼功能模式为分析框架》,《东方法学》2017 年第 5 期。

丁国民、马芝钦:《行政诉讼中原告"利害关系"的司法审查新标准——以"保护规范理论"的规范化适用为中心》,《河北工业大学学报》(社会科学版) 2019 年第 1 期。

丁建军:《公民程序性权利及其价值考量》,《山东社会科学》2006 年第 9 期。

方世荣:《论人身权、财产权的行政法属性》,《湖北行政学院学报》2003 年第 4 期。

冯建平:《公益与私益的衡量:论比例原则及其在行政审判中的适用》,《法律适用》2006 年第 5 期。

付荣、江必新:《论私权保护与行政诉讼体系的重构》,《行政法学研究》2018 年第 3 期。

付荣:《请求权方法的历史源流分析》,《比较法研究》2006 年第 6 期。

辜明安:《请求权在民事权利结构中的性质与地位》,《西南政法大学学报》2007 年 5 期。

郭道晖:《公法体系要以公民的公权利为本》,《河北法学》2007 年第 1 期。

韩宁:《行政协议研究之现状与转向》,《法治研究》2019 年第 6 期。

黄全:《无效行政行为理论之批判》,《法学杂志》2010 年第 6 期。

黄先雄:《论行政主体的不当得利返还请求权——从行政奖励被撤销后的利益追索说开去》,《中南大学学报》(社会科学版) 2014 年第 3 期。

黄学贤:《给付判决在行政诉讼判决体系中的定位》,《苏州大学学报》(哲学社会科学版) 2021 年第 4 期。

黄宇骁:《行政法学总论阿基米德支点的选择》,《法制与社会发展》2019 年第 6 期。

贾媛媛:《私法效应:行政法的一个多维分析框架》,《政法论坛》2014

年第 6 期。

江必新：《行政法基本理论的反思与重构》，《行政管理改革》2010 年第 4 期。

江必新：《中国行政合同法律制度：体系、内容及其构建》，《中外法学》2012 年第 6 期。

江利红：《论日本的课予义务诉讼》，《云南大学学报》（法学版）2012 年第 6 期。

江伟、段厚省：《请求权竞合与诉讼标的理论之关系重述》，《法学家》2003 年第 4 期。

姜明安：《新世纪行政法发展的走向》，《中国法学》2002 年第 1 期。

金可可：《德国民法上的请求权概念》，《求索》2007 年第 3 期。

金可可：《论温德沙伊德的请求权概念》，《比较法研究》2005 年第 3 期。

靳文辉：《"新财产权"理论视角下的社会救助权及法律保障机制》，《西南民族大学学报》（人文社会科学版）2014 年第 8 期。

雷磊：《新兴（新型）权利的证成标准》，《法学论坛》2019 年第 3 期。

黎学基、谭宗泽：《行政合同中行政优益权的规制及其法律救济——以公共选择理论为视角》，《南京工业大学学报》（社会科学版）2010 年第 2 期。

李垒：《论授益行政行为的撤销——以〈德国行政程序法〉第 48 条规定为视角》，《政治与法律》2012 年第 4 期。

林莉红：《行政救济基本理论问题研究》，《中国法学》1999 年第 1 期。

刘春：《行政协议中"权利处分"条款的合法性》，《政治与法律》2018 年第 4 期。

刘言浩：《法国不当得利法的历史与变革》，《东方法学》2011 年第 4 期。

刘言浩：《荷兰不当得利制度在近代的形成与展开》，《法学》2011 年第 5 期。

柳经纬：《非典型之债初探》，《中国政法大学学报》2008 年第 4 期。

柳砚涛：《论积极行政法的构建——兼及以法律促进行政》，《山东大学学报》（哲学社会科学版）2013 年第 3 期。

柳砚涛：《行政行为公定力质疑》，《山东大学学报》（哲学社会科学版）

2003 年第 5 期。

鲁鹏宇、宋国：《论行政法权利的确认与功能——以德国公权理论为核心的考察》，《行政法学研究》2010 年第 3 期。

鲁鹏宇：《德国公权理论评介》，《法制与社会发展》2010 年第 5 期。

鲁鹏宇：《论行政法学的阿基米德支点——以德国行政法律关系论为核心的考察》，《当代法学》2009 年第 5 期。

罗豪才、宋功德：《行政法的治理逻辑》，《中国法学》2011 年第 2 期。

殷秋实：《意大利法中不当得利的构成》，《东方法学》2019 年第 2 期。

马怀德：《保护公民、法人和其他组织的权益应成为行政诉讼的根本目的》，《行政法学研究》2012 年第 2 期。

梅夏英、邹启钊：《请求权：概念结构及理论困境》，《法学家》2009 年第 2 期。

上官丕亮：《论公法与公权利》，《法治论丛》2007 年第 3 期。

唐晓晴：《法律关系理论的哲学基础与教义结构》，《法治研究》2019 年第 3 期。

田宏伟、王海洋：《行政法上义务的承受研究》，《商丘师范学院学报》2013 年第 10 期。

汪厚冬：《公法上不当得利的法律效果研究》，《西部法学评论》2011 年第 6 期。

汪厚冬：《公法上不当得利返还请求权的实现》，《公法研究》2013 年第 1 期。

汪厚冬：《公法上不当得利研究》，《北方法学》2012 年第 2 期。

王本存：《论行政法上的反射利益》，《重庆大学学报》（社会科学版）2017 年第 1 期。

王本存：《论行政法上的公法权利》，《现代法学》2015 年第 3 期。

王本存：《行政法律关系的功能与体系结构》，《现代法学》2020 年第 6 期。

王德新：《〈民法典〉中请求权竞合条款实施研究》，《法学杂志》2021 年第 5 期。

王贵松：《作为利害调整法的行政法》，《中国法学》2019 年第 2 期。

王洪亮：《实体请求权与诉讼请求权之辨——从物权确认请求权谈起》，《法律科学》2009 年第 2 期。

王锴：《从赔偿与补偿的界限看我国〈国家赔偿法〉的修改方向》，《河南省政法管理干部学院学报》2005 年第 4 期。

王锴：《论行政收费的理由和标准》，《行政法学研究》2019 年第 3 期。

王锴：《我国国家公法责任体系的构建》，《清华法学》2015 年第 3 期。

王锴：《行政法上请求权的体系及功能研究》，《现代法学》2012 年第 5 期。

王克稳：《论行政诉讼中利害关系人的原告资格——以两案为例》，《行政法学研究》2013 年第 1 期。

王名扬、冯俊波：《论比例原则》，《时代法学》2005 年第 4 期。

王明锁：《对孳息的传统种类及所有权归属之检讨》，《法商研究》2015 年第 5 期。

王明锁：《物上请求权与物权的民法保护机制》，《中国法学》2003 年第 1 期。

王肃元：《论我国纳税人税收退还请求权》，《兰州大学学报》（社会科学版）2010 年第 5 期。

王太高：《行政许可撤回、撤销与信赖保护》，《江苏行政学院学报》2009 年第 2 期。

王太高：《行政许可撤销制度研究——以企业工商登记为例》，《法治研究》2012 年第 1 期。

王天华：《国家法人说的兴衰及其法学遗产》，《法学研究》2012 年第 5 期。

王学辉：《行政法意思表示理论的建构》，《当代法学》2018 年第 5 期。

肖永平、霍政欣：《不当得利的法律适用规则》，《法学研究》2004 年第 3 期。

肖永平、霍政欣：《英美债法的第三支柱：返还请求权法探析》，《比较法研究》2006 年第 3 期。

谢怀栻：《论民事权利体系》，《法学研究》1996 年第 2 期。

谢晖：《私法基础与公法优位》，《法学》1995 年第 8 期。

谢立斌：《论宪法财产权的保护范围》，《中国法学》2014年第4期。

熊勇先：《公法不当得利及其救济》，《法学杂志》2012年第6期。

徐以祥：《论社会保障制度中的可诉性公法权利》，《法学杂志》2009年第12期。

徐以祥：《行政法上请求权的理论构造》，《法学研究》2010年第6期。

徐以祥：《耶里内克的公法权利思想》，《比较法研究》2009年第6期。

闫尔宝：《〈国有土地上房屋征收与补偿条例〉第25条分析》，《行政法学研究》2012年第1期。

严益州：《德国行政法上的双阶理论》，《环球法律评论》2015年第1期。

杨登峰：《论合法行政行为的撤回》，《政治与法律》2009年第4期。

杨东升、蒋蓓：《法官阐明义务与行政诉讼类型之选定》，《湖北社会科学》2016年第12期。

杨解君：《行政法的义务、责任之理念与制度创新——契约理念的融入》，《法商研究》2006年第3期。

杨明：《请求权、私权救济与民事权利体系》，《比较法研究》2007年第4期。

杨小君：《试论行政作为请求权》，《北方法学》2009年第1期。

叶必丰：《受欺诈行政行为的违法性和法律责任——以行政机关为视角》，《中国法学》2006年第5期。

余凌云：《论行政协议的司法审查》，《中国法学》2020年第5期。

余凌云：《行政行为无效与可撤销二元结构质疑》，《法治论丛》2005年第4期。

岳心：《公法上不当得利返还请求权研究——救济途径和程序方式初探》，《法学杂志》2011年第8期。

湛中乐：《行政法上的比例原则及其司法运用——汇丰实业发展有限公司诉哈尔滨市9规划局案的法律分析》，《行政法学研究》2003年第1期。

张海鹏：《论国有土地使用权出让合同的民事定性——兼评76号指导案例》，《求是学刊》2019年第4期。

张江莉：《不当得利中"无法律上原因"之证明》，《政法论坛》2010年第2期。

张鲁萍：《行政协议优益权行使的司法审查——基于对部分司法判决书的实证分析》，《西南政法大学学报》2018 年第 5 期。

张敏：《从行政性、合同性双重视角审视行政合同的延展与规范》，《政法论丛》2018 年第 4 期。

张明楷：《法益保护与比例原则》，《中国社会科学》2017 年第 7 期。

张翔：《基本权利的双重性质》，《法学研究》2005 年第 3 期。

张翔：《走出"方法论的杂糅主义"——读耶林内克〈主观公法权利体系〉》，《中国法律评论》2014 年第 1 期。

章志远：《监管新政与行政法学的理论回应》，《东方法学》2020 年第 5 期。

章志远：《迈向公私合作型行政法》，《法学研究》2019 年第 2 期。

章志远：《深化行政体制改革与行政组织法学研究的新课题》，《江淮论坛》2017 年第 2 期。

章志远：《新〈行政诉讼法〉实施对行政行为理论的发展》，《政治与法律》2016 年第 1 期。

章志远：《行政法治视野中的民法典》，《行政法学研究》2021 年第 1 期。

赵宏：《保护规范理论的误解澄清与本土适用》，《中国法学》2020 年第 4 期。

赵宏：《法律关系取代行政行为的可能与困局》，《法学家》2015 年第 3 期。

赵宏：《行政法学的体系化建构与均衡》，《法学家》2013 年第 5 期。

赵宏：《原告资格从"不利影响"到"主观公权利"的转向与影响——刘广明诉张家港市人民政府行政复议案评析》，《交大法学》2019 年第 2 期。

赵宏：《主观公权利的历史嬗变与当代价值》，《中外法学》2019 年第 3 期。

郑晓剑：《比例原则在民法上的适用及展开》，《中国法学》2016 年第 2 期。

钟瑞栋：《"私法公法化"的反思与超越——兼论公法与私法接轨的规范配置》，《法商研究》2013 年第 4 期。

钟瑞栋：《民法中的强制性规范——兼论公法与私法"接轨"的立法途径与规范配置技术》，《法律科学》2009 年第 2 期。

周刚志、杜阳：《论行政裁判中的请求权方法》，《政治与法律》2021 年第 2 期。

周刚志：《论"消极权利"与"积极权利"——中国宪法权利性质之实证分析》，《法学评论》2015 年第 3 期。

周佑勇、尚海龙：《裁量不作为的要件分析——基于法院判决的观察》，《法制与社会发展》2011 年第 5 期。

周佑勇：《裁量基准的正当性问题研究》，《中国法学》2007 年第 6 期。

周佑勇：《公民行政法权利之宪政思考》，《法制与社会发展》1998 年第 2 期。

周佑勇：《行政裁量的治理》，《法学研究》2007 年第 2 期。

朱芒：《中国行政法学的体系化困境及其突破方向》，《清华法学》2015 年第 1 期。

朱新力、徐凤烈：《从经验回归逻辑：请求权理论在行政法中的扬弃——从最高人民法院第 69 号指导案例楔入》，《江苏行政学院学报》2017 年第 1 期。

朱岩：《论请求权》，《判解研究》2003 年第 4 期。

左传卫：《论不当得利返还请求权的定性与体系安排》，《政治与法律》2011 年第 1 期。

学位论文：

方满红：《诉讼费用管理制度研究》，硕士学位论文，湘潭大学，2016 年。

洪学军：《不当得利制度研究——一种系统的结构、功能理路》，博士学位论文，西南政法大学，2003 年。

黄天平：《税收返还请求权法律问题研究》，硕士学位论文，华东政法大学，2015 年。

孙成军：《税收之债不履行的私法调整机制研究》，博士学位论文，山东大学，2014 年。

汪厚冬：《公法之债论——一种体系化的研究思路》，博士学位论文，苏州大学，2016 年。

杨维佳：《论我国行政主体的不当得利返还请求权》，硕士学位论文，吉林大学，2017 年。

郑振华：《纳税人税收返还请求权研究》，硕士学位论文，西南政法大学，2016 年。

中译著作：

《德国民法典》（第 5 版），陈卫佐译注，法律出版社 2020 年版。

《法国民法典》，罗结珍译，北京大学出版社 2010 年版。

［奥］凯尔森：《法与国家的一般理论》，沈宗灵译，商务印书馆 2013 年版。

［德］奥托·迈耶：《德国行政法》，刘飞译，法律出版社 2002 年版。

［德］迪特尔·梅迪库斯：《德国民法总论》，邵建东译，法律出版社 2000 年版。

［德］迪特尔·梅迪库斯：《请求权基础》，陈卫佐等译，法律出版社 2010 年版。

［德］弗里德赫尔穆·胡芬：《行政诉讼法》（第 5 版），莫光华译，刘飞校，法律出版社 2003 年版。

［德］格奥格·耶林内克：《主观公法权利体系》，曾韬、赵天书译，中国政法大学出版社 2012 年版，第 78 页。

［德］哈贝马斯：《在事实与规范之间：关于法律和民主法治国的商谈理论》，童世骏译，生活·读书·新知三联书店 2014 年版。

［德］哈特穆特·毛雷尔：《行政法学总论》，高家伟译，法律出版社 2000 年版。

［德］汉斯·布洛克斯、沃尔夫·迪特里希·瓦尔克：《德国民法总论》，张艳译，中国人民大学出版社 2012 年版。

［德］汉斯·沃尔夫、奥托·巴霍夫、罗尔夫·施托贝尔：《行政法》（第二卷），高家伟译，商务印书馆 2002 年版。

［德］赫尔维格：《诉权与诉的可能性》，法律出版社 2018 年版。

［德］卡尔·拉伦茨：《德国民法通论》（上），王晓晔等译，法律出版社

2003年版。

［德］卡尔·拉伦茨：《法学方法论》，陈爱娥译，商务印书馆2003年版。

［德］考夫曼：《法律哲学》，刘幸义译，法律出版社2004年版。

［德］马克斯·卡泽尔、罗尔夫·克努特尔：《罗马私法》，田士永译，法律出版社2018年版。

［德］米歇尔·施托莱斯（Michael Stolleis）：《德国公法史：国家法学说与行政学（1800—1914）》，法律出版社2007年版。

［德］萨维尼：《论立法与法学的当代使命》，许章润译，中国法制出版社2000年版。

［法］狄骥：《公法的变迁》，商务印书馆2013年版。

［美］博登海默：《法理学：法律哲学与法律方法》，邓正来译，中国政法大学出版社2017年版。

［美］詹姆斯·戈德雷：《私法的基础：财产、侵权、合同和不当得利》，张家勇译，法律出版社2007年版。

［日］美浓部达吉：《公法与私法》，黄冯明译，中国政法大学出版社2002年版。

［日］南博方：《行政法》（第6版），杨建顺译，中国人民大学出版社2009年版。

［日］小早川光郎：《行政诉讼的构造分析》，王天华译，中国政法大学出版社2014年版。

［意］彼德罗·彭梵得：《罗马法教科书》，黄风译，中国政法大学出版社1992年版。

［英］彼得·莱兰、戈登·安东尼：《英国行政法教科书》（第五版），杨伟东译，北京大学出版社2007年版。

［英］皮特·博克斯：《不当得利》，刘桥译，清华大学出版社2012年版。

中文报刊：

《益民公司诉河南省周口市政府等行政行为违法案》，《中华人民共和国最高人民法院公报》2005年第8期。

《追回30万财政补贴资金》，《法制时报》2015年9月6日第2版。

姜明安：《一代公法学人憧憬的梦》，《北京日报》2015 年 10 月 19 日。
林振通：《〈德国民法典〉中的不当得利制度》，《人民法院报》2011 年 7 月 29 日第 8 版。
吴学安：《治理涉企乱收费须完善收费目录清单制度》，《检察日报》2019 年 6 月 5 日第 6 版。
肖俊林：《123 万军粮补贴款全部追回》，《检察日报》2019 年 11 月 17 日第 2 版。

裁判文书：

安徽省亳州市谯城区人民法院（2014）谯民一初字第 01302 号民事判决书。
曹县人民法院（2017）鲁 1721 民初 2511 号民事裁定书。
大连市中级人民法院（2016）辽 02 民终字 255 号民事裁定书。
大冶市人民法院（2017）鄂 0281 行初 38 号行政判决书。
德阳市中级人民法院（2018）川 06 行初 11 号行政裁定书。
甘肃省高级人民法院（2016）甘行赔终 1 号行政裁定书。
甘肃省临洮县人民法院（2013）临中民初字第 6 号民事判决书。
甘肃省天水市中级人民法院（2015）天行初字第 29 号裁定书。
河南省高级人民法院（2017）豫行终 2590 号行政判决书。
河南省高级人民法院（2018）豫行再 150 号行政判决书。
江西省高级人民法院（2017）赣民终 512 号民事判决书。
焦作市中级人民法院（2013）焦行再二终字第 2 号行政判决书。
焦作市中级人民法院（2013）焦行终字第 23 号行政判决书。
金华市中级人民法院（2019）浙 07 行终 260 号行政判决书。
锦州市中级人民法院（2019）辽 07 行初 39 号行政裁定书。
林州市人民法院（2016）豫 0581 行初 34 号行政判决书。
临沂市中级人民法院（2014）临行终字第 158 号行政裁定书。
南通市中级人民法院（2018）苏 06 行终 298 号行政判决书。
衢州市柯城区人民法院（2016）浙 0802 行初 203 号行政判决书。
三亚市中级人民法院（2013）三亚行终字第 27 号行政裁定书。

商丘市中级人民法院（2017）豫 14 行初 239 号行政判决书。
上海市第一中级人民法院（2016）沪 01 民终 3387 号民事判决书。
苏州市姑苏区人民法院（2017）苏 0508 行初 180 号行政判决书。
武汉市中级人民法院（2017）鄂 01 行终 720 号行政裁定书。
武威市凉州区人民法院（2017）甘 0602 行初 23 号行政判决书。
西华县人民法院（2017）豫 1622 民初 3618 号民事裁定书。
新县人民法院（2016）豫 1526 行初 56 号行政判决书。
新县人民法院（2017）豫 1523 民初 104 号民事判决书。
信阳市中级人民法院（2017）豫 15 行终 43 号行政判决书。
宜昌市中级人民法院（2013）鄂宜昌中行初字第 00003 号行政判决书。
营口市中级人民法院（2018）辽 08 民终 1995 号民事判决书。
营口市中级人民法院（2018）辽 08 行终 265 号行政判决书。
浙江省高级人民法院（2015）浙行终字第 750 号行政判决书。
周口市中级人民法院（2018）豫 16 民辖终 30 号民事裁定书。
最高人民法院（2017）最高法行赔申 18 号行政赔偿裁定书。
最高人民法院（2017）最高法行申 6269 号再审行政裁定书。
最高人民法院（2017）最高法行申字第 169 号行政裁定书。
最高人民法院（2018）最高法行申 2201 号行政裁定书。
最高人民法院（2018）最高法行再 6 号行政判决书。
最高人民法院指导案例（2016）第 69 号。
最高人民法院指导案例（2016）第 77 号。
遵义市播州区人民法院（2018）黔 0321 民初 5940 号民事判决书。
遵义市中级人民法院（2019）黔 03 民终 618 号民事判决书。

外文著作：

A Arnull, *The European Union and its Court of Justice*（2nd edn），Oxford：Oxford University Press, 2006.

A Bénabent, Droit Civil, *Les Obligations*（10th edn），Montchrestien, 2005.

Badura/Scholz（Hrsg.），*Wege und Verfahren des Verfassungslebens—Festschrift für Peter Lerche zum 65. Geburtstag*，München：CH Beck, 1993.

Bernhard Windscheid, *Lehrbuch des Pandektenrechts*, Frankfurt: Rütten & Loening, 1900.

Bodo Pieroth/Bernhard Schlink/Michael Kniese, *Polizei-und Ordnungsrecht: mit Versammlungsr echt*, 6. Aufl., München: C. H. Beck, 2010.

Boeckenfoerde, *Grundrechtstheorie und Grundrechtsinterpretation*, NJW 1974.

Burrows, *A Restatement of the English Law of Unjust Enrichment*, Oxford: Oxford University Press, 2012.

Detterbeck/Windthorst/Sproll, *Staatshaftungsrecht*, München: CH Beck, 2000.

Die Verfassung des Deutschen Reichtes, 8. Aufl., 1931.

Erichsen/Ehlers (Hrsg.), *Allgemeines Verwaltungsrecht*, 12. Aufl. Berlin: De Gruyter, 2002.

Erichsen/Martens, in: dies, *Allgemeines Verwaltungsrecht*, 7. Aufl. 1986.

F. Ossenbühl, *Der Öffentlich-rechtliche Erstattungsanspruch*, NVwZ 1991.

F. Ossenbühl, *Staatshaftungsrecht*, 5. Aufl., München: CH Beck, 1998.

F. Schoch, *Der öffentlichrechtliche Erstattungsanspruch*, Jura 1994.

Georg Jellinek, *System der Subjektiven öffentlichen Rechte*, Neudruck der 2. Auflage Tübingen 1919, Tübingen: Scientia Verlag Aalen, 1964.

Hans Lisken/Erhard Denniger, *Handbuch des Polizeirechts: Gefahrenabwehr, Strafverfolgung, Rechtsschutz*, 4. Aufl., München: C. H. Beck, 2007.

Hartmut Mauerr, *Allgemeines Verwaltungsrecht*, 18. Aulf., München: CH Beck, 2011.

J Flour, JL Aubert and E Savaux, *Les Obligations*, vol 2, *Le Fait Juridique* (17*th* edn), Paris: Armand Colin, 2005.

K. Tipke, *Steuerecht*, 10. Aufl. Köln, 1985.

K. Windthorst, *Staatshaftungsrecht*, JuS 1996.

Klaus Obermayer, *Kommentar zum Verwaltungsverfahrensgesetz*, 3. Aufl., Neuwied: Luchterhand, 1999.

Law Commission, *Restitution: Mistakes of Law and Ultra Vires Public Authority Receipts and Payments*, Law Com No 227 Cm 2731, 1994.

Lionel D. Smith, *Restitution*, Farnham: Ashgate Publishing Company, 2001.

Lowenheim, *Bereicherungsrecht*, 2. Aufl. München, 1997.

Manfred Baldus, Bernd Grzeszick, Sigrid Wienhues, *Staatshaftungsrecht: Das Recht der öffentlichen Ersatzleistungen*, 4. Aufl. Heidelberg: C. F. Müller, 2013.

Mayer, *Deutsches Verwaltungsrecht*, Band I, 3. Aufl. , 1924.

N Brown and J Bell, *French Administrative Law* (5th edn), Oxford: Oxford University Press, 1998.

O Kahn-Freund, C Lévy and B Rudden, *A Source-book on French law*. London: Clarendon Press, 1991.

P Craig and G de Búrca, *EU Law: Text, Cases and Materials* (4th edn), Oxford: Oxford University Press, 2008.

Peter Krause, *Rechtsformen des Verwaltungshandelns*, Karlsruhe: C. F. Mueller, 1974.

Robert Alexy, *A Theory of Constitutional Rights*, Oxford: Oxford University Press, 2002.

Steffen Detterbeck, K. Windthorst, Hans-Dieter Sproll, *Staatshaftungsrecht*, München: CH Beck, 2000.

Stelkens/Bonk/Sachs/Kallerhoff/Schmitz/Stelkens,
Verwaltungsverfahrensgesetz Kommentar, München: CH Beck, 2008.

Walter Jellinek, *Verwaltungsrecht*, 3. Aufl. Berlin: Springer, 1931.

Wilburg, *Die Lehre von der ungerechtfertigten Bereicherung nach österreichisschem und deutschem Recht*, Graz: Leuschner & Lubensky, 1934.

Wolf/Bachof, *Verwaltungsrecht: Band I*, 9 Aulf. , München: CH Beck, 1974.

外文论文：

Eberhard Schmidt-Assmann, "Lehre von den Rechtsformen des Verwaltungshandelns", in: ders, *Aufgaben und Perspektivenverwaltungsrechtlicher Forschung*, Tuebingen: Mohr Siebeck, 2006.

Ottmar Bühler, "Zur Theorie des subjektiven öffentlichen Rechts", in: *Festgabe fuer Fritz Fleiner*, Heidelberg: J. C. B. Mohr, 1927.

P Craig, "Once upon a Time in the West: Direct Effect and the Federalization of EEC Law", *Oxford Journal of Legal Studies*, 1992.

Peter Haeberle, "Das Verwaltungsrechtsverhaeltnis-eine Problem skizze", in: ders., *Die Verfassung des Pluralismus*. Koenigstein/Ts: Athenaeum, 1980.

Williams R., "The Beginnings of a Public Law of Unjust Enrichment?" *King's Law Journal*, 2005.

Williams R., "Unjust Enrichment and Public Law", *Judicial Review*, 2014.

Wolfgang Hoffmann-Riem, "Reform des allgemeinen Verwaltungsrechts als Aufgabe — Ansätze am Beispiel des Umweltschutzes", *Archiv des öffentlichen Rechts*, Vol. 115, No. 3, 1990.

Wolfgang Meyer-Hesemann, "Die Paradigmatische Bedeutung Otto Mayers fuer die Entwicklung der deutschen Verwaltungsrechtswissenschaft", *Rechtstheorie*, Vol. 13, No. 4, 1982.

Wolf-Rüdiger Schenke, "Öffentliches Recht: Der eilige Polizeikommissar", *Juristische Schulung: JuS*, 1979.

后　　记

　　本书是在博士学位论文的基础上修改而成。博士学位论文主要致力于行政法返还请求权的具体建构，包括以请求权为视角，论证公法权利与请求权的互动、映射关系；以及分析请求权在具体行政关联领域的形态和特征，阐释行政救济中的特殊考量和公私法规范的衔接适用。本书则在请求权关联构造为中心的叙事基础上，增加了公法权利救济和行政法体系更新的致力面向，进一步展示了请求权构想的理论和实践价值。

　　本书的出版要特别感谢王德新老师，有幸参与到王老师的青创团队项目中，本书的选题和方向，也是在诉讼法学新兴领域研究课题的激发下确立的。请求权关联构造的体系，与公法权利救济的理论框架融合，需要大量的论证和重新阐释，目前做的工作还不够，也越发感慨行政法学体系的庞大和突破努力的艰辛。尽管如此，本书在两个方向的思考却是统一的，即以"公法权利体系"完善对行政法总论角色的建构，同时借由请求权关联构造的方法，建立起总论与分论（关联领域）之间的交互联系，期望可为行政法学理论体系的建构提供一种新思路。

　　在这本书出版的时候，还要感谢这些年来教育、指导过我的老师。感谢我的博士研究生导师柳砚涛老师，从开始写作的生涩，到稍有"悟性"的体现，都离不开老师的耐心提点和教导，简单数语总能使我豁然醒悟。生活中，师父和师母亦会给予殷切关怀和帮助，仍旧时时怀念旧日时光。

　　感谢我的硕士研究生导师李忠夏老师。硕博期间，老师常常带我们聚起小型读书会，抑或邀请举办大型论坛，自己的学术熏陶和探索乐趣，正是值此萌生；前些年，跟随老师远赴宝岛，参加海峡两岸公法论坛，对罗豪才教授的悼念，对宪法合法性审查的展望，以及师友一行、两岸情谊，至今难忘。感谢齐延平老师，齐老师的指导温和亦有冲击力，工作繁忙亦未曾忽视对学生的指点，即使第一手的原版书籍、材料，也会帮助我们获取。感谢郑智航老师，食堂偶遇亦会邀请同坐，关切询问近来论文的思考和方向，指点迷津。还要感谢学术生涯为我提供无私提携的周长军、杨海坤、武树臣等老师。

最后，最重要的是，感谢我的父母和家人，感谢他们的支持和帮助。父亲弟兄五人，在爷爷的熏陶下都非常重视"家"的培养，他们很多时候是我的榜样，激励和帮助我成长。感谢我的岳父母，他们待我亲厚有加，照顾小宝尽心尽力。最特别的要感谢我的妻子胡薇，读研期间结识的妻子也已升级为两岁宝宝的妈妈，一路走来，为了小家的成长，承受了更多的压力和辛苦。这本书献给她和爱子则衡。也正是小宝降生，所体验初为父亲的关切和责任，让我更能理解在自己人生最需要帮助和支持的年岁，无论有什么困难，父母总是默默地站在背后给予最无私的奉献。现在，小宝有了爷爷奶奶、姥姥姥爷更多的呵护，希望他可以更早学会独立、学会思考，做一个对社会有贡献的人。

书稿的写作又几度似回博士学位论文写作的日日夜夜，如今执教、写作，心态也多了几分变化。学术写作的想法和思考的对象，如果没有真正把它们描绘出来，跃然纸上，极易陷入自我否定的循环，无法成文。因而总是激励自己，先把研究写到一本书的厚度，才得有一篇文章思绪的自然流淌。这些体验，尽管是阶段性的，也是一种提升认知式的自我反思，当然，行动与认知总要一致，心境总要平和。

张栋祥

2022 年 3 月 1 日